ॐ श्री गणेशाय नमः

आप अमीर बनना चाहते हैं ?

के के सिन्हा

इनविन्सेबल पब्लिशर्स

कॉपीराइट पृष्ठ

भारत में वर्ष 2019 को सबसे पहली बार प्रकाशित

ISBN: 978- 938- 8333- 66- 5

इनविन्सेबल पब्लिशर्स

201A, SAS Tower, Sector 38, Gurgaon- 122003

अनुक्रमाणिका

कृतज्ञता

यह किताब लिखने से पहले में शुक्रिया अदा करना चाहता हूँ, अपनी प्यारी माँ इंदुमुखी सिन्हा, पूजनीय स्वर्गीय पिताजी कीर्ति सिन्हा और मेरे चार बड़े भाई और भाभिया और दीदी का जो मुझे हमेशा सफल देखने के लिए प्रोत्साहित करते रहते है। शुक्रिया अदा करता हूँ, अपनी पत्नी रतना सिन्हा का जो हमेशा सुख- दुःख में मेरा साथ देती रही है। संसार मैं बहुत सारी कठिनाइयां होने के बाद भी वो हंसी- ख़ुशी मेरे साथ रही और भगवान की कृपा से एक सुन्दर सा बेटा भी मिला। शुक्रिया अदा करता हूँ, अपने सास और ससुर के परिवार का भी जिनकी वजह से एक अच्छी और समझदार पत्नी मिली और जो हमेशा मेरे और मेरे परिवार के लिए दुआ करते रहते है। उन सबका शुक्रिया अदा करना चाहता हूँ, जिन्होंने मुझे आगे बढ़ने में मदद की है। मैं शुक्रिया अदा करना चाहता हूँ, सुखदेव सिन्हा का जो हमेशा मुझे सही राह दिखाते है। मैं कृतज्ञ हूँ अपने संस्था "युवा जागृती" के सभी साथियों का जो हमेशा हर काम में एक जुट होकर आगे आते है और मेरी कमियाबी के लिए दुआ करते रहते है। शुक्रिया अदा करता हूँ, श्री बिनिन्द्र सिन्हा का जो हमेशा मुझे सही सलाह और प्रोत्साहन देते है। भगवान की कृपा से मुझे बहुत अच्छे दोस्त मिले, मैं अपने सभी मित्रों का भी शुक्रिया अदा करता हूँ कि वो हमेशा कठिन समय में मेरे साथ रहते है। अपने समाज के सभी लोगों का भी में शुक्रिया अदा करना चाहता हूँ, जिन्होंने हमेशा मुझे प्यार और आदर दिया है, और में उन सबका भी कृतज्ञ हूँ जिन्होंने जाने- अनजाने मेरी, मेरे परिवार की और मेरी संस्था "युवा जागृती" की सहायता की

है। में शुक्रिया अदा करता हूँ अपने पड़ोसियों का जो हमेशा मेरे ख़राब समय पर मदद के लिए आते है। और में शुक्रिया करता हूँ अपने बेटे, भतीजे और भतीजियों का भी, जिनके भविष्य को उज्वल करने के खातिर में आगे बढ़ता रहता हूँ। और अपने समाज के उन सभी गरीब और बेरोजगारों का भी शुक्रिया अदा करना चाहता हूँ जिनके लिए में कुछ अच्छा करना चाहता हूँ, संघर्ष करता रहता हूँ और आगे बढ़ता रहता हूँ। शुक्रिया अदा करता हु उन सब छात्रों का जो मुझसे कुछ सिखने के लिए आते है और मैं उनको कुछ अच्छा दे पता हु। शुक्रिया अदा करता हु उन सब लोगो का जो मेरे Youtube Channel से कुछ अच्छा सीखते है, जिन लोगो को में सिखा पता हूँ और आगे हम बढ़ते रहते है।

हे! परमेश्वर आपका भी कोटि कोटि धन्यवाद जो आपने इज्जत से भरा एक जीवन दिया, हाथ, पैर, दिमाग, आखें, बुद्धि, ज्ञान और सभी अंग सही सलामत दिए और लोगो की भलाई करने के लिए आपने मुझे चुना आपका कोटि कोटि धन्यावाद...............।

जाने- अनजाने में मैंने अगर किसी को दुःख पहुँचाया हो या मेरे कारण किसी की क्षति हुई हो तो मैं आज उस परम पिता परमेश्वर को साक्षी मानकर उन सबसे माफ़ी मांगता हूँ। हो सके तो वो मुझे माफ़ कर दे। इस किताब में अगर कोई शब्द गलत लिखा हुआ है, तो कृपया ठीक करके पढ़ लीजियेगा और हो सके तो मुझे माफ़ कर दीजियेगा।

यह किताब आपके पास है इसका मतलब आप सच में अमीर बनना चाहते हैं। आप कैसे अमीर बनना चाहते हैं, यह आप पर निर्भर करता है। इस किताब में, मैं आपको उस रहस्य

के बारे में बताऊंगा जिसे जानकर बहुत सारे लोग अमीर बन चुके हैं। कभी- कभी आप यह सोचते होंगे की क्यों धरती के कुछ लोग ही अमीर बन जाते है और बाकी के लोग साधारण जीवन बिताते हैं। यह कोई चमत्कार नहीं है। यह एक रहस्य है जो भगवान ने स्वयं हमें दान के रूप में दिया है। ज्यादातर लोग उसको पहचान नहीं पाए हैं। यह किताब आपको अमीरी की राह पर ले जायेगी। अमीर बनना आपका अधिकार हैं। क्यों इस अधिकार से वंचित रहेंगे। बिल गेट्स बोलते हैं **"अगर आप गरीब पैदा हुए है तो यह आपकी गलती नहीं है, लेकिन अगर आप गरीब हो के मरते हो तो यह आपकी गलती है"**।

क्या आपके माथे पर कहीं लिखा हुआ है कि आप गरीब होंगे? क्या शारीर पर किसी जगह पर कोई धब्बा है गरीबी का? नहीं ना! तो क्यों सोचते हो गरीब हूँ? बस आपको थोड़ा सा ध्यान रखना पड़ेगा की भगवान ने आपको क्या गुण दिया है। जिसको इस्तमाल करके आप अमीर बन पाएंगे। बस आपको खुद पर यह विश्वास करना पड़ेगा की आप अमीर बनेंगे। एक दिन ऐसा आएगा की आप भी अमीर बनेंगे। आप भी बहुत सारी दौलत के मालिक बनेंगे। आप भी सफल व्यक्ति बनेंगे। आपके पास धन, दौलत, स्वास्थ्य, संपत्ति और सुख होगा। परिवर्तन जरुर होगा, क्यूंकि परिवर्तन ही सफलता है, और सफलता ही परिवर्तन है।

अमीरी क्या है?

इस किताब में मैं जो बोलने जा रहा हूँ वो आपको सिर्फ पढ़ना नहीं है, आपने जीवन में भी उसे काम पर लगाना है। इस किताब में जो बाते बताई गई है वो ध्यान से पढ़िएगा और जो भी अच्छा लगे उसे एक डायरी (Diary) पर लिख लीजियेगा और रोज एक- एक बार उसे देख लीजियेगा। किताब को एक दिन में ही पढ़के ख़तम नहीं करना है। रोज एक- एक अध्याय पढ़िएगा। जब यह पढ़के ख़तम हो जायेगा तो दुबारा उसे एक बार और पढना है। इससे इस किताब की सारी बाते आपके दिमाग पर बैठ जाएगी और आप आसानी से आगे बढ़ पाएंगे।

दूसरी बात.. हो सके तो इस किताब को तीन महीने बाद एक बार और पढ़ लेना है, जिससे और भी गहरे तरीके से ये आपके दिमाग पर बैठ जाएगी। क्यूंकि संसार के इस झमेले में हम सब भूल जाते है। तीन महीने बाद एक बार दुबारा पढ़ने से आपको दुबारा सब कुछ याद आ जायेगा।

साधारण लोग अमीर बोलते ही समझ लेते है की जिसके पास बहुत ज्यादा पैसा हो, जिसके पास बहुत ज्यादा संपत्ति हो, जिसके पास गाड़ी हो, जिसके पास बैंक में बहुत सारा पैसा हो, जिसके पास पॉवर हो वो अमीर है।

क्या असल में यह सच है?

आप क्या सोचते है? जिसके पास बहुत सारा पैसा है, बहुत सारी संपत्ति, बहुत सारी गाड़ीया है, आलिशान घर है, फिर भी वो खुश नहीं है तो आप उसको क्या कहेंगे? बहुत सारे लोगों के पास पैसा तो है लेकिन उसको खर्च करने वाला कोई नहीं है,

उसको क्या कहेंगे? संपत्ति बहुत सारी है लेकिन खाने वाला कोई नहीं है, उसको क्या कहेंगे? पैसा बहुत है लेकिन हमेशा बीमार रहता हैं, उसको क्या कहेंगे? पैसा है लेकिन किसीको दान नहीं करना चाहता है, उसको क्या कहेंगे? लोगो के पास सब कुछ तो है लेकिन वो किसी न किसी वजह से नाखुश है, उसकी अमीरी का क्या फ़ायदा? अभी आप सोच रहे होंगे की पैसा बुरा होता है? मैंने ऐसा बिलकुल नहीं कहा है।

तो इसका मतलब क्या है?

मैं ऐसा मानता हूँ कि असल में वही सच्चा अमीर है जिसके पास यह चार चीज़ें है -

१.	**अच्छा स्वास्थ्य**	२.	**अच्छा पैसा**
३.	**अच्छा भविष्य**	४.	**अच्छा समय**

आईये इन सब के बारे में विस्तार से समझते है :-

१.अच्छा स्वास्थ्य (Good Health):-

जिसके पास बहुत सारा पैसा है, लेकिन अच्छा स्वास्थ्य नहीं है और वो हमेशा बीमार रहता है। असल में वो अमीर नहीं है, उस पैसे का वो क्या करेगा जो खर्च करने के लिए वो खुद ही ठीक तरह से रह नहीं पाता।

अच्छा स्वास्थ्य मतलब क्या है? आपको याद है? बचपन में आप किताबो में पड़ते थे "स्वास्थ्य ही सम्पद है" (Health is Wealth) एक बार फिर से याद कीजिये उस बात को। इतना सुन्दर वाक्य जानकर भी हम भूल जाते है कि स्वास्थ्य ही असल में असल सम्पत्ति होती है। यह जानते हुए भी हम अपने स्वास्थ्य

को ठीक तरह से नहीं रख रहे है? हमेशा खराब और विषैली चीज़े खाते है। तम्बाकू, गुटका, बीड़ी, सिगरेट, अफीम, गांजा, शराब और ड्रग्स आदि अपने स्वास्थ्य को नष्ट कर रही है। क्या यह सही है? और मजे की बात यह है कि यह सब हमें कब याद अता है? जब हम हस्पताल के बिस्तर पर पड़े हुए होते है। तब हमे यह याद आ जाता है की हमने खुद को और अपने स्वास्थ को ख़राब किया है और हम रो पड़ते है। आज के ज़माने में हम जो भी चीज़े खाते है वो सभी विषेली चीज़ों से बना हुआ होता है। जो लोग तम्बाकू, गुटका, बीड़ी, सिगरेट, अफ़ीम, गांजा, शराब और ड्रग्स नहीं लेते वो भी बीमार पड़ जाते है। तो आप और हम क्या चीज़ है? अभी आप समझ सकते है कि हम कहा है?

किसी ने सच ही कहा है **"इन्सान भी क्या अजीब चीज़ है, जिन्दगी भर पैसा कमाने के लिए अपने स्वास्थ्य को खो देता है, और फिर उस स्वास्थ्य को दुबारा पाने के लिए अपनी जिन्दगी भर की कमाई खो देता है, जीता ऐसे है की कभी मरेगा नहीं और मरता ऐसे है जैसे कभी वो जिया ही नहीं"।**

रमेश और राहुल दो दोस्त थे। घर की परिस्थिति ठीक नहीं होने के कारण दोनों ने कम उम्र से ही रोजगार करना शुरू किया था। दोनों ही बहुत परिश्रम कर के रोजगार करने लगे। रमेश कमाया हुआ पैसा बहुत हिसाब के साथ खर्च करता और अपने भविष्य के लिए जमा करके रखता था। दूसरी तरफ राहुल कमाया हुआ पैसा हिसाब से खर्च करता था और हर महीने बाजार से थोरा बहुत फल खाने के लिए खरीद ले जाता था। और बाकी के पैसे वो जमा कर के भविष्य के लिए रखता था। यह देखने के बाद रमेश अपने दोस्त पर बहुत गुस्सा हो जाता

था और बोलता था "क्यों अपने पैसे को फालतू की चीज़ों पर नष्ट कर रहे हो"? पेट भर के खाना नहीं खाता क्या? और भी बहुत कुछ...। जानते हो इस साल मैंने 12000.00 रुपये जमा किये है और तुमने सिर्फ 8000.00 रुपये जमा किये है, मुझसे भी कम। हम दोनों तो एक ही काम करते है फिर भी तुम्हारे इस फालतू के खर्च की वजह से तुम ठीक से पैसा जमा नहीं कर पा रहे हो। यह कह के रमेश राहुल को समझाता है। दोनों में बहुत गहरी दोस्ती थी, जब रमेश रहूल को ऐसा बोलता है तब वो रमेश को समझाना चाहता है, लेकिन वो समझने को तैयार नहीं होता और राहुल हंस के उस बात को वही पर खत्म कर देता है। और सिर्फ एक बात बोलता है कि यह जो पैसा मैं हर महीने खर्च करता हूँ वह खर्चा नहीं है, बिनियोग है। तुम्हे यह बाद में पता चलेगा।

चार साल बाद एक दिन रमेश बीमार पर गया। एक महीने तक वो बिस्तर पर पड़ा रहा। हर रोज राहुल शाम को काम से लौटते वक्त एक बार रमेश को देखने के लिए उसके घर पर जाता था। एक दिन राहुल ने रमेश से कहा इस महीने बीमार होने के कारण डॉक्टर और दवाई के ऊपर पूरा 10000.00 रूपया खर्च हुआ है, और इसके साथ इस महीने की कमाई भी गई। तुम्हारा तो नसीब ही अच्छा है। तब राहुल ने रमेश से कहा तुम्हे याद है, एक दिन मैंने तुम्हे कहा था कि जो पैसा में फल खाने में खर्च करता हूँ वह एक बिनियोग है। तब रमेश को समझ आया कि राहुल तब क्या कहना चाहता था। तब से रमेश भी अपनी कमाई से थोड़ा पैसा अपने स्वास्थ के लिए खर्च करने लगा।

मैं यह नहीं कह रहा हूँ कि सिर्फ फल खाना ही जरुरी है। मैं तो यह कहना चाह रहा हूँ की फल हमारे स्वास्थ के लिए बहुत जरुरी है और इसके साथ हरी- भरी और रंग- बिरंगी सब्जियां, अंडा, मछली, मांस और बहुत सारा पानी पीना भी आवश्यक है। लेकिन दुःख की बात यह है की आज कल बाजार में जो सब्जी और फल मिलते है वह असल में इतने प्राकृतिक नहीं होते। ज्यादातर रसायन और कीटनाशक पदार्थ से बनाए जा रहें है। जो हमारे पेट में जाकर अनेको बीमारियाँ पैदा कर रहें है। इसलिए हमें थोड़ा सावधान होना चाहिए और कीटनाशक और रसायन पदार्थो को ना बोलना चाहिए। हर घर प्राकृतिक चीज़ों से भर देना चाहिए, जैविक खाद के ऊपर ध्यान देना चाहिए। बाजार में आजकल बहुत सारे लोग प्राकृतिक खाद बेच रहे है, उसे उपयोग में लाना जरुरी हैं। और इसके साथ हमें अपनी सरकार को भी रसायन और कीटनाशक को इस्तमाल न करने के लिए आवेदन करना चाहिए। भारत में अरुणाचल प्रदेश में जैविक खाद के ऊपर ज्यादा ध्यान दिया जाता है। अगर एक राज्य ऐसा कर सकता है तो पूरा भारत क्यों नहीं कर सकता? इसके लिए हमें एक जुट हो कर लड़ना होगा। अगर अब यह नहीं करेंगे तो आने वाली जो पीढ़ी होगी उन सबका सर्वनाश निश्चित है। हमारा और हमारी आने वाली पीढ़ी का भविष्य सिर्फ इसी एक फैसले पर निर्भर करता है। आप लोगों को शायद पता नहीं होगा कि भारत सरकार ने पंजाब में सिर्फ कैंसर के मरीजों के लिए अलग से एक रेल गाड़ी दि है। जिसको कहते हैं "कैंसर ट्रेन"। वहां सबसे ज्यादा कीटनाशक का इस्तमाल होता है, यह बहुत ही दुखद है।

अगर हमें अमीर बनना है तो सबसे पहले हमें स्वस्थ रहना होगा और स्वस्थ रहना ही हमारा पहला अधिकार है। हमें अपने

इस अधिकार को पाने के लिए लड़ना होगा। क्या आप तैयार है? एक दिन हम ज़रूर जीतेंगे, हम जरुर अमीर बनेंगे। क्योंकि स्वास्थ्य ही इन्सान का असल संपत्ति होता है।

एक दिन मैं एक पत्रिका पढ़ रहा था। उसमें एक डॉक्टर ने एक पंक्ति लिखी थी “Prevention is Better than Cure” तब उस बात का मतलब ठीक तरह से पता नहीं था। वो पंक्ति मैंने पूरी पढ़ी। वहां पर इतनी अच्छी तरह से उस बात का मतलब समझाया था कि मैं अचंभित रह गया। बताया गया था कि बीमारी आने से पहले ही उसको रोक देना अच्छा होता है। उसी को ही बोलते हैं “Prevention is Better than Cure” मुझे बहुत अच्छा लगा वो पंक्ति पढ़ के। आगे बताया गया है कि अगर कोई भी व्यक्ति बीमार होने के बाद उसको ठीक करने के लिए बहुत सारा पैसा खर्च कर सकता है, तो फिर वह व्यक्ति उस बीमारी को रोकने के लिए हर महीने थोड़ा- थोड़ा खर्च क्यों नहीं कर सकता? सोचिये अगर एक आदमी बीमार होने के बाद लाखो रूपया हस्पताल और दवाइयों पर खर्च कर सकता है, तो फिर वह हर महीने थोड़ा- थोड़ा अपने ऊपर खर्च करके अपने स्वास्थ्य को ठीक रख सकता है। है की नहीं?

हमारा शारीर एक मशीन की तरह ही होता है। जैसे हम अपनी मोटर साइकिल और कार की हर छः महीने के बाद सर्विसिंग कराते है। ठीक उसी तरह हमें अपने शरीर रूपी मशीन की भी साल में एक बार सर्विसिंग करानी चाहिये। हमें अलग से प्रोटीन और विटामिन लेना आवश्यक है क्योंकी हम जो खाना खा रहे है वह इतना जहर से भरा होता है की हमारे शरीर पर पर्याप्त मात्रा में वह सब नहीं पहुंच पता। प्रोटीन, विटामिन और मिनरल्स की कमी से ही हम बीमार पड़ते है।

शरीर में रोगों से लड़ने की क्षमता कम हो जाती है इसलिए हम बीमार पढ़ते रहते है। अगर हम नियमित रूप से अपने आहार में विटामिन, प्रोटीन और मिनरल्स लेते है तो हमारे शरीर पर रोगों से लड़ने की क्षमता बढ़ जाती है और हम स्वस्थ रहते है। हम ज्यादा काम कर सकते है, ज्यादा पैसा भी कमा सकते हैं और अमीर बन सकते है।

“निरंतर प्रयास करने से

सफलता आती है”

२. बहुत सारा पैसा (Enough Money) :-

क्या आप नहीं चाहते कि आपके पास बहुत सारा पैसा हो? और उस पैसो से आप अपनी सारी पसंद के चीज़ खरीद सके। क्या आप अपने परिवार के साथ विदेश घूमना पसंद नहीं करते? क्या आप नहीं चाहते कि आपके पास भी सुन्दर सा घर और एक सुन्दर सी गाड़ी हो? क्या आप नहीं चाहते कि अपने परिवार के बीमार लोगो का अच्छे से अच्छे हस्पताल में इलाज करवाए? क्या आप नहीं चाहते अपने रिश्तेदारों की आर्थिक सहायता करना? यह सब आप चाहते है, तो फिर बीच बीच में यह क्यों सोचते है, की ज्यादा पैसा होना अच्छी बात नहीं है? क्यों यह सोचते है की ज्यादा पैसो के पीछे भागना अच्छी बात नही है? जरा सोचिये ऊपर बताई गयी जो- जो चीजें है क्या वह ख़राब है? अगर नहीं तो क्या यह सब चीज़े बिना पैसो के पुरी हो जायेंगी? नहीं! बिलकुल नहीं। पैसा कभी ख़राब नहीं होता बस लोगो की नियत ख़राब होती है। पैसा हमेशा अच्छा ही करता है। अगर पैसा किसी गलत आदमी के पास पहुंच जाये तो ही ख़राब होता है। आपकी नियत अगर अच्छी है तो फिर आप ऐसा क्यों सोचते है कि पैसा ख़राब होता है? जो आदमी पैसा मिलते ही घमंड में डूबकर गलत काम करता है, समझ लेना की उसको ज्ञान का अभाव है।

कुछ लोग ऐसे भी होते है कि पैसा थोडा बढ़ जाए या फिर तनख्वा थोडा ज्यादा हो जाए तो घर खरीदेंगे, गाड़ी खरीदेंगे, अच्छा- अच्छा सामान खरीदेंगे लेकिन लोगो को कमजोर नज़र से देखेंगे। लेकिन याद रखिये जब कोई ऐसा करने लगता है तभी से वह आदमी गरीब होने लग जाता है। वह आदमी धन से अमीर बन सकता है लेकिन मन से नहीं। तब वह भगवान से

मांगना शुरू कर देगा कि हे प्रभु! मुझे ऐसे ही खुश रखना। भगवान तो अंतर्यामी है वो सब समझते है। उस व्यक्ति को उससे ज्यादा नहीं देंगे क्यूंकि वो समाज का कल्याण नहीं कर सकता। याद रखिये की हम भगवान से जो मांगते है वो वही दे देते है। बस उसमें एक अंतर होना चाहिए। खुद के स्वार्थ के लिए अगर हम मांगते है तो बस थोडा सा ही मिलेगा। लेकिन समाज की भलाई के लिए मांगेंगे तो हमें बहुत सारा मिलेगा। जिस धन को आप संभाल भी नहीं पाएंगे।

यह सृष्टी भगवान ने बनाई है। प्रकृति, पशु, पक्षी और इंसान में से अगर हम किसी का भी तिरस्कार करते है तो भगवान दुखी हो जाते है। और कृपा करना कम कर देते है। कुछ लोग यह भी सोचते है की हम भगवान की ज्यादा पूजा अर्चना करते है तो भगवान मुझे क्यों अमीर नहीं बनाता? सिर्फ पूजा और अर्चना करने से भगवान खुश नहीं होते। उनके बनाये हुए सृष्टी, पशु, पक्षी और मनुष्य को प्यार करने से भगवान खुश होते है। और यह काम पृथ्वी के कुछ ही लोग करते है और वही लोग अमीर बन जाते है, वही लोग सुखी होते है।

पैसो की कल्पना कीजिये। इसके लिए भगवान से प्रार्थना कीजिये। पैसो को अच्छे कामो पर इस्तमाल करेंगे ऐसा सोचिये। समाज के कल्याण के लिए सोचिये। और एक बात, पैसा सिर्फ प्रार्थना करने से नहीं आता है, इसके साथ काम और परिश्रम भी करना पढता है। भगवान् आपको बहुत सारे अवसर प्रदान करेंगे। अभी आपको अवसरो को पहचानना है। याद रखिये भगवान् आपके पास आकर कभी नहीं बोलेंगे की यह अवसर अच्छा है, यह गलत है। यह आप पर निर्भर करता है की अवसर को आप पहचानते है या नहीं? भगवान् पशु और पक्षी को भी

खाना देते है उनको कोई पैसो की ज़रूरत नहीं होती, लेकिन उनको भी बाहर निकलकर ढूंढ़ना पढता है।

भगवान् ने हम को बहुत अच्छा एक गुण दिया है। वह है चुनने की क्षमता(Choice)। हमको बस यह गुण इस्तमाल करना होगा और देखना होगा क्या अच्छा है और क्या गलत है। इस चुनने की क्षमता को हमें उपयोग करना है। कुछ लोग अवसरो को देखने के बाद यह सोचते है कि यह काम हम नहीं कर सकते है। इस बारे में मुझे कोई ज्ञान नहीं है। ऐसी हालत में आपको किताबो का सहारा लेना चाहिए। याद रखिये लोग अमीर बनते है दो काम करने से। एक है **"किताब पढ़ने से और दूसरा है सफल व्यक्ति के साथ मिलने से"**। यह दो काम आपको अमीर बना सकते है। अगर आप किताब पढ़ते है तो आपको संसार के सारी चीजों के बारे में ज्ञान हासिल होगा और आप कोई भी काम कर सकते है। आप जो कर रहे है उसी विषय की किताब खरीद के पढ़ लिजिये। वह किताब आपको कैसे आगे बड़ते है, उसका ज्ञान देगा। अगर आप कुछ नहीं कर रहे है और कुछ करने की सोच रहे है तो आप सेल्फ- हेल्फ, पर्सनालिटी डेवलपमेंट और मोटिवेशन की किताब खरीद के पढ़ लीजिये। जिससे आपकी चुनने की क्षमता बढ़ जाएगी और आपका दिमाग सही दिशा में सोचने लगेगा।

आपने काफी बार देखा होगा कि जब कोई बिजनेस करना चाहता है, या फिर कुछ नया करना चाहता है, तब वह सलाह लेने एक बुजुर्ग के पास जाते है जिसकी समाज में इज्जत और काफी अच्छी पहचान है। तब वह बुजुर्ग सीना तनके बैठकर एक सिगरेट जलाकर बोलेगा.. यह बिजनेस काफी मुश्किल है, मैंने सुना हैं। शायद यह तुम नहीं कर सकते फिर भी कौशिश कर

सकते हो अगर तुम चाहो तो। इसमें तुम्हारा समय बर्बाद हो सकता है? कोई ढंग की नौकरी क्यों नहीं लेते ढूंढ़? वगेरा-वगेरा...। असल में ज्यादातर लोग गलत आदमी से सुझाव लेने चले जाते है। जिससे सुझाव मांगने जा रहे है उसने कभी बिजनेस किया ही नहीं था। उसको बिजनेस के बारे में कोई भी ज्ञान नहीं है। फिर भी सुझाव देने लग जाते है।

हम परीक्षा पास करने के लिए एक अच्छा शिक्षक ढूंढ लेते है। जो अच्छी तरह पढ़ाते है। जो उस विषय में ज्ञानी है। ना की किसी कृषक या दुकानदार से पढ़ते है। लेकिन जब जीवन के लिए फैसला लेने की घडी आ जाती है तब हम क्यों किसी ऐसे व्यक्ति की सलाह लेते है जिसको उस बारे में ज्ञान नहीं होता? तब हमारी बुद्धि कहा चली जाती है पता नहीं। सही में यह हमारा दोष नहीं है। यह हमें बचपन में सिखाया जाता है कि कोई काम शुरु करने से पहले किसी बुजुर्ग की सलाह ले लेनी चाहिए। जिसने ज्यादा दुनिया देखी है। बचपन की बात का गलत मतलब निकाल लिया लोगो ने। किसी बुजुर्ग की सलाह लेने का मतलब है कि उस काम में एक्सपर्ट की सलाह लेना जो काम आप करना चाहते है। कुछ ऐसे भी लोग देखने को मिलेंगे जिसने अपना अच्छा चल रहा काम छोड़ दिया हो किसी ऐसे आदमी के कहने से जो कुछ भी काम नहीं करता है और इधर उधर यूही घूमता रहता है।

नंदन एक गरीब लड़का था। उसके घर की हालत ठीक नहीं थी। उसका एक और भाई भी था। उसके पिताजी दोनों भाइयो को पढ़ा नहीं सकेंगे यह जानकर नंदन ने पढाई छोड़ दी और काम करने लग गया। अचानक एक दिन उसकी एक आदमी से मुलाकात हुई। उसने सुन्दर कपडे, महँगी घडी, और हाथ में एक

हीरे की अंगूठी पहनी हुई थी। नंदन की घर की हालात के बारे में जानने के बाद उस आदमी ने नंदन को एक बिजनेस करने को कहा जो वो खुद करता था और जिस बिजनेस से वो अमीर बना था। नंदन ने अपने पिताजी को कहानी बताई और यह बिजनेस करने की चाह दिखाई। तब नंदन के पिताजी ने उसको बोला की बेटा तू यह काम कर नहीं सकता। तू बिजनेस के लिए नहीं पैदा हुआ है। मैं तेरे लिए एक नौकरी ढूंढ़ दूंगा। नंदन पूरी रात जागता रहा और उस आदमी के बारे में सोचता रहा। रात को ही फैसला कर लिया था कि वो वही बिजनेस करेगा जो उस आदमी ने कहा था। नंदन अपने पिताजी को बिना बताये उस आदमी से मिला और बिजनेस करने लगा। 5 साल बाद नंदन बहुत सारा पैसा कमाता है। उसके पास एक अच्छी गाड़ी भी है। एक दिन उसने अपने पिताजी से पूछा पिताजी क्या मैंने आपकी बात नहीं मान के गलती की? पिताजी ने जवाब दिया, नहीं उस समय मैं गलत था। तुमने सही फेसला लिया था।

मैं यह नहीं कह रहा हूँ कि हमें अपने माता और पिता की बात नहीं सुननी चाहिए। मैं यह कह रहा हूँ कि हम जो कुछ भी कर रहे है या करना चाहते है उसमें जो आदमी सफल है उसकी सलाह लेनी चाहिए। उसके अलावा किसी और व्यक्ति की नहीं, चाहे वो अपने घर के लोग, रिश्तेदार और पड़ोसी ही क्यों ना हो। आजकल इन्टरनेट का युग है आपको अगर कोई नहीं मिल रहा है तो आप उसका सहारा ले सकते है, या फिर किताबो का सहारा ले सकते है। सोचिए और विचार कीजिये। अपनी क्षमता को बढाइये। आप जरुर सफल बनेंगे और एक दिन आप बहुत सारे धन और संपत्ति के मालिक बन जायेंगे और समाज का कल्याण कर पाएंगे।

“किताब ही इंसान का

असली मित्र होती है”

३. अच्छा भविष्य (Security):-

आज आप जो कुछ भी कर रहे है वो आपके भविष्य को सुरक्षित रखने के लिए कर रहे है। हम हमेशा यही सोचते रहते है कि हम कैसे हमारा और हमारे परिवार का भविष्य सुरक्षित रख सकते है। हम अगर ना रहे तो हमारे परिवार को कठिनाइयो का सामना न करना पड़े। जरा सोचिये! आप जो कर रहे है क्या वो आपके परिवार के लिए ठीक है या और भी जरुरी है? आप अभी जिस हालत में है क्या वो ठीक है? आपको क्या लगता है जिस हालत में चीजों और सामानों के दाम बढ़ रहे है, उस हिसाब से आप जो कर रहे है वो आपके परिवार के भबिष्य को ठीक कर सकता है? क्या आप खुश है? ज़रा अपने दिल पर हाथ रख कर बोलिए। बिलकुल नहीं। ठीक है ना? आपने कभी यह सोचा है कि किसी कारण वश अगर आप बिस्तर पर एक दो साल रह गए तो क्या आपका परिवार ठीक तरह से चल पाएगा? ज़रा सोचिये....। आप ऐसा कौन सा काम कर रहे है जिससे आप अगर ना रहे तो आपका परिवार ठीक तरह से खा-पी सकेगा? थोड़ा शांत मन से सोचिये.........।

सुरक्षित भविष्य का क्या मतलब है? इसका मतलब यह है कि अगर आप कभी ना रहे या किसी कारण वश अचल हो जाये तो आपका परिवार आसानी से गुज़ारा कर सके और आपके परिवार को किसी चीज़ की कमी ना हो। अगर आप कोइ नौकरी कर रहे है, जिसमें आप कुछ दिन या महीनो तक ना जाये तो आपकी तनख्वाह काट ली जाती है, तो समझिये आपका भविष्य सुरक्षित नहीं है। अगर आप कोई बिजनेस कर रहे है जहाँ पर आप नहीं गए तो इनकम बंद हो जायेगी तो समझिये आपका भविष्य सुरक्षित नहीं है। कुछ नौकरी करने

वाले यह सोचते है कि अभी जो कमाई हो रही है उस से खीच-खीच के परिवार चल रहा है लेकिन, भविष्य में जब सेलरी बढ़ेगी तब ठीक तरह से चलेगी। तो मैं आपको बतादूँ कि भबिष्य में अगर आपकी सेलरी बढ़ेगी तो सामानों के दाम भी बढ़ेंगे और आप जिस अवस्था में अभी चल रहे है भविष्य में आप उसी अवस्था में ही चलेंगे।

इसका यह मतलब नहीं है की आप नौकरी छोड़ दे। इसका यह मतलब है कि आप किसी एक इनकम पर भरोसा मत कीजिये। अगर आप एक अच्छा और सुरक्षित भविष्य चाहते है तो नौकरी के साथ साथ आपको कुछ और भी करने के लिए सोचना पड़ेगा। अगर कोइ बिजनेस करना चाहते है तो यह सोचना जरुरी है की आप काम करेंगे तब इनकम तो हो और आप जब काम नहीं करेंगे तब भी इनकम हो और बिजनेस दिन व दिन बढ़ता जाये। कुछ लोग बोलते है की बस यह इनकम ही ठीक है परिवार ठीक ठाक से चल रहा है। इतना ज्यादा काम करने का समय कहा है? क्या आप भी ऐसा सोचते है? क्या आप भी यही चाहते है कि मार्किट में जाकर मन चाहा सामान ना खरीद कर बजट में जो होता है वही खरीदना है? चाहते कुछ और है और खरीदते कुछ और है। फिर भी कहते है पैसे की जरुरत नहीं है। क्या आप यही चाहते है कि आपके बच्चे आपके जैसे ही जिए। क्यूंकि आप जो इनकम कर रहे है ज्यादा से ज्यादा आपके परिवार के लोग खा- पीके गुज़ारा कर लेते है और इससे अधिक कुछ नहीं। असल में यह आपका दोष नहीं है। आप जहाँ पर काम कर रहे है उसका मालिक आपको इतना काम देता है कि आपका दिमाग उस काम के अलावा और कुछ सोच ही नहीं सकता। आपका दिमाग खोखला कर देता है। आपके जितने भी सारे गुण है वो सब दवाव में आकर खो जाते है और आप नौकरी

के इलावा और कुछ सोच ही नहीं पाते। शाम को घर लौटने के बाद आपका मन और शारीर इतना थक जाता है की आप आगे और कुछ करने के लिए तैयार ही नहो हो पाते और सोच भी नहीं पाते। अगर सोच भी लेते है तो अगले दिन के काम के बारे में सोचने लग जाते है।

यह होती है आम आदमी की ज़िन्दगी।

आप जितना परिश्रम करते है, उतना परिश्रम आपके बच्चे ना करे, यह चाहते है तो आपको आगे बढ़ने के लिए एक कदम उठाना होगा और वो कदम है किताब पढ़ना। जी हां किताब ही एक ऐसा साधन है जो आपको आगे क्या करना है वो बताएग और आपको आगे कैसे बढ़ना है वो भी बताएगा। आप हमेशा सेल्फ हेल्फ वाली किताब पढना शुरु कीजिये। पहले पहले थोडा मुश्किल होगा लेकिन रोज 25 से 30 मिनिट अगर आप पढ़ते है तो आपकी जिन्दगी भी बदलना शुरु हो जाएगी। किताब आपकी मानसिक शक्ति को सौ गुना बढ़ा देती है और आप दूर की सोच पाते है। याद रखिये मैंने पहले भी कहा था इंसान दो चीजों से ही अमीर बन पता है

"एक किताब पढ़ने से और दूसरा सफल व्यक्ति के साथ मिलने से"।

हर रोज़ किताब पढ़ने के लिए एक समय तय कीजिये और शुरु कीजिये सफल व्यक्ति से मिलना। अगर आपको आपके आस-पास कोई भी सफल व्यक्ति नजर नहीं आ रहा है तो सफल व्यक्तियों की किताब पढ़ना शुरू कीजिये। क्योंकी सफल व्यक्ति ही आपको कैसे सफल बना जाता है वो सिखाते है। अगर आप असफल ब्यक्ति के साथ मिलते है तो आपको कैसे असफल बना

है वो बताएगा और आपको कमज़ोर कर देगा। इसलिए जरुरी हैं की आप एसे लोगो के साथ मिलें जो अपने काम में सफल हुए है। आपको सिर्फ चुनना है सही रास्ता और देखियेगा एक दिन आप भी सफल बन जायेंगे और आप भी अमीर बन जायेंगे। एक दिन आपको भी अपना और आपने परिवार का भबिष्य सुरक्षित नजर आ जाएगा।

"इंसान अपने ज्ञान के मुताबिक
धन कमाता है"

४. अच्छा समय (Good Time) :-

क्या आप नहीं चाहते है कि आपका पूरा दिन अच्छा हो? क्या आप नहीं चाहते है कि आपका समय कभी ख़राब न हो? क्या आप नहीं चाहते है कि आपके पास बहुत सारा समय हो जो आप अपने परिवार के साथ बिताये? क्या आप नहीं चाहते है कि आपके जीवन में कभी कोई कष्ट और दुःख ना आए? यह सब आप चाहते है। सिर्फ आप ही नहीं संसार के सभी प्राणी यही चाहते है। तो फिर आप एक बार यह सोचिये की आप यह सब पाने के लिए क्या करते है? आपको पता है? संसार के सभी लोग ऐसा ही चाहते है लेकिन सिर्फ कुछ लोगो के जीवन में ही ऐसा होता है। इसका कारण है सही काम नहीं करना। आप दुसरो की निंदा करते है तो फिर आपके जीवन में अच्छे दिन कैसे आएंगे? आप अपने लाभ के लिए दुसरो का नुकसान करते है तो फिर आपके जीवन से ख़राब दिन कैसे जायेंगे? आप दुसरो को तकलीफ देके इनकम करते है, घुस लेते है, लोगों को ठगते है तो फिर आपके जीवन में कैसे अच्छे दिन आएंगे?

भगवान् श्री कृष्ण जी ने श्रीमद भागवत गीता में कहा है **"जो इंसान सिर्फ अपने स्वार्थ के लिए काम करता है वो व्यक्ति खुद की क्षति तो करता ही है और साथ में समाज को भी हानि पहुंचाता है"**। और **"जो व्यक्ति दुसरो के कल्याण को सोचकर काम करता है, समाज के उन्नति के साथ साथ उसकी भी उन्नति निश्चित हैं"**।

लोग हमेशा खुद के लाभ के लिए सोचते रहते है। कैसे थोड़ा लाभ हो जाये और किसी की मदद की बात आती है तो सबसे पहले वह खुद का लाभ है की नहीं वो यह सोचते रहते है। वह थोड़ा ठीक है अगर किसी की कोई क्षति ना हो तो। कुछ

ऐसे भी लोग है जो सारा दिन दुसरो की क्षति कर के खुद का लाभ करने की सोचते रहते है। असल में बात यह है कि अगर आप किसी को नुकसान पहुंचा के लाभ भी कर लेते है तो वो थोड़े समय के लिए ही रहता है। ऐसे कमाया हुआ पैसा बाद में बहुत ज्यादा क्षति करता है। कभी- कभी आप सोचते ही रहते है की क्यों भगवान् ने हमें इतना कष्ट दिया है? क्यों इतना दर्द दिया है? ऐसा जब खयाल आए तो उसका उत्तर खुद पर ढूँढना चाहिए। क्यूंकि आपने किसी को कभी क्षति पहुंचाई होगी इसलिए आज ऐसा हो रहा है। अगर ऐसा नहीं है तो आप बिलकुल चिंता मत कीजिये आपका समय ठीक हो जायेगा। आप दिन भर परिश्रम करके रोजगार करते रहते है और किसी को दान करने की जब बात आती है तो मन छोटा हो जाता है। वह तो स्वभाविक है लेकिन क्या आपको पता है? श्री चाणक्य जी ने क्या कहा था? वो कहते थे कि **"अगर आप अपना बुरा वक्त ठीक करना चाहते हो तो दानी बनो और अपनी कमाई का एक हिस्सा गरीब और बेसहारा लोगो की भलाई के लिए इस्तमाल करो"।**

लोग हमेशा यही सोचते रहते है की भगवान् को अच्छा प्रशाद चढ़ाने से और दक्षिणा देने से भगवान् खुश हो जायेंगे और हमें बहुत सारी खुशिया देंगे। और इसलिए तरह- तरह के फल, लड्डू और मिठाइयाँ भगवान् को चढ़ावा देते है और भगवान् के सामने रखी थाली में पैसा देके भगवान् से खुशिया मांगते है। इंसान यही विश्वास करता है कि ज्यादा दक्षिणा देने से भगवान् बहुत ज्यादा खुश हो जायेंगे और अपार कृपा बरसाएंगे।

इस पर में आपको एक कहानी बताता हूँ। शादी के पांच साल बाद में अपनी पत्नी और बेटे के साथ गुवाहाटी गया था माँ कामाख्यां के दर्शन के लिए। सुबह उठकर नहा- घोकर मन में श्रद्धा लेकर मंदिर के लिए रवाना हो गए। वहा बहुत सुन्दर वातावरण था, लोग दर्शन के लिए लाइन लगाकर खड़े थे। बहुत लम्बी लाइन लगी थी, की अचानक दूसरी और एक लाइन पर मेरी नज़र पड़ी। आखिर दो लाइन क्यों है? पूछा तो बताया गया की वहा 50 की एक लाइन लगी हुई है जिसको VIP लाइन कहते है। बिना पैसे के जो लाइन थी वो सबसे ज्यादा लम्बी थी। मतलब आपको जल्दी अगर माँ के दर्शन करने है तो टिकट लेना पड़ेगा। मैंने 50 रुपये के 2 VIP टिकट लिए और परिवार के साथ छोटी लाइन में लग गया। क्यूंकि बिना पैसे वाली लाइन पर बहुत ज्यादा भीड़ थी तक़रीबन एक घंटा लाइन पर खड़ा रहा और सोचता रहा की इतने सारे लोग दर्शन करने के लिए हर रोज़ जाते है और इतनी टिकट काटते है, इतने पैसो का क्या होता होगा? सिर्फ टिकट ही नहीं साथ में चढ़ावा भी चढ़ता है। किसी से पूछा तो बताया की सारा पैसा मंदिर की देख- रेख और साफ- सफाई के लिए खर्च करते है। मन में यह सवाल आया, "क्या इतना सारा पैसा सच में खर्च होता होगा"? जो भी हो उस टॉपिक को छोड़ आगे बढ़ता गया। हाथ में फूलो की माला, माँ के लिए चादर, नारियल, मिठाई, अगरबत्ती और मोमबत्ती लेकर श्रद्धा के साथ बढ़ता रहा।

अन्दर जाने से पहले ही हमने एक ब्राह्मण को बुक कर लिया था। वो हमारे लिए मंत्र पड़ेंगे और उसके बाद उनको दक्षिणा भी देनी पड़ेगी। ऐसे बहुत सारे ब्राह्मण वहा मिल जायेंगे जो जाते ही आपके पीछे पड़ जायेंगे। लेकिन हमने अलग से एक बुजुर्ग ब्राह्मण को बुक कर लिया था जो सोभाग्य से बहुत

अच्छे थे। अन्दर जाने के बाद आपके पास थोड़ा ही टाइम बचता है पूजा के लिए क्यूंकि इतनी भीड़ होती है कि ज्यादा समय वहा रहने नहीं देते। खड़े- खड़े ही पूजा करवाइए और आगे बढ़ते जाईएं। हर एक द्वार पर साधू कोई न कोई भगवान् की मूर्ति लेकर फुल और अगरबत्ती जलाकर बैठा रहता था और प्रणाम करने के लिए बोलता था। प्रणाम किया तो दक्षिणा भी देनी पड़ती थी। में भी श्रद्धा के साथ गया था हर द्वार पर 100 रुपये का नोट निकालकर दक्षिणा दान कर देता था और सोचता था कही कम ना हो जाए और माँ नाराज ना हो जाए। बीच- बीच में हमारा जो ब्राह्मण था वो दक्षिणा कम देने के लिए बोलता था। मैंने उनकी बात नहीं सुनी और उल्टा सोचता रहा की कही वो अपनी दक्षिणा कम ना हो जाए इसके लिए ऐसा बोल रहे है। सब कुछ ख़तम कर के वहा से निकले और नारियल फोड़ने के बाद पूजा ख़तम कर के ब्राह्मण देवता को दक्षिणा देने के लिए पूछा। उन्होंने कोई डिमांड नहीं कि और मैंने अपने आप से ही दक्षिणा दे दि। तब उन्होंने एक बात बोली की **"भगवान् पैसा ज्यादा देने से खुश नहीं होते भगवान् तो मन से श्रद्धा और प्रार्थना करने से खुश होते है"**। तब में सुन्न पड़ गया, क्या हुआ पता नहीं। इतने समय उनको ठीक तरह से देखा नहीं था तब उनके मुख पर देखा तो एक प्रकाश उनके चहरे से निकल रहा था, ऐसा लगा कुछ समय के लिए भगवान् मुझे उनके मुख से कुछ बोल रहे थे। फिर हम सब ने उनके चरण स्पर्श करें और हम चले आये। पूरा दिन वही बात मुझे याद आती रही। सही तो कहा था उन्होंने **"भगवान् पैसो से नहीं श्रध्दा से प्रसन्न होते है"** और आज भी जब में मंदिर पर जाता हूँ तो वही बात याद आती है। याद आती है वो टिकट की बात, इतने सारे पैसे अगर सिर्फ एक मंदिर पर चढ़ावा पड़ते है तो पुरे देश में इतने मंदिर,

इतने मसजिद, इतने चर्च और इतने गुरुद्वारें है जिनमें न जाने कितना चढ़ावा पड़ता होगा? वहा लोगो को खिलाते है, वो अच्छी बात है। लेकिन जितना वहां खर्च होता है उससे 1000 गुना अधिक पैसा वहा भक्त दान भी करते है । सोचिये इन सब पैसो में से अगर 20 प्रतिशत भी गरीब लोगो को बाट दिया जाए तो इस देश में कोई भी गरीब नहीं रहेगा, ना ही शौचालय की असुविधा होगी, न ही किसान आत्म- हत्या करेंगे और ना ही गरीब लोग झोपड़ो में रहेंगे।

यह संसार और प्रकृति संपूर्ण लेने और देने पर निर्भर करता है। अगर आपने किसी को अच्छा दिया तो आपको भी अच्छा मिलेगा। अगर अपने किसी के बुरे समय पर सहायता करी तो आपके बुरे समय पर भी आपकी सहायता करने के लिए लोग आयेंगे। आपने जिसकी सहायता करी है वो अगर नहीं भी आता है तो भगवान् आपकी सहायता के लिए किसी और को भेज देंगे, यही नियम है। भगवान् हम सबका खयाल रखते है। इस बात को कुछ लोग अस्वीकार कर सकते है लेकिन यही सच है। आप निश्चिंत रहे, आपका समय भी अच्छा होगा। आपके सारे दुःख और दर्द मिट जायेंगे। इसके लिए एक काम करना होता है और एक नियम का पालन करना पड़ता है, और वह है बिना स्वार्थ के लोगो की सेवा करना। लोगो को खुश रखना। प्रकृति और भगवान् का सभी चीजों के लिए धन्यवाद कीजिये। आपके जीवन के लिए भगवान को धन्यवाद कीजिये। एक दिन आपका भी अच्छा समय आयागा। आपको सारी खुशियाँ मिलेगी। बस थोड़ा धैर्य रखने की जरुरत है। विश्वास रखिये आपका जीवन भी सुन्दर और सुखमय होगा।

"समय को बैठकर बिताने वाला
कभी अमीर नहीं बन पता"

अमीर बनने का रस्ता

आप अमीर बन सकते है। अमीर बनने के लिए कोइ पैसो की जरुरत नहीं होती और न ही शिक्षा की। अगर आपके पास एक रूपया भी नहीं हो तब भी आप अमीर बन सकते है। आपने बहुत सारे ऐसे लोगो को देखा होगा जो बिलकुल पढ़े लिखे नहीं है लेकिन अमीर है। उनको देख के आप यह सोचते होंगे कि वो कितने भाग्यवान है और मेरा भाग्य कितना ख़राब है। यही सोचते है न आप? अगर ऐसा आप सोच रहे है तो आप गलत सोच रहे है। इसके लिए अपने भाग्य को दोष मत दीजिये। अमीर बनने के लिए आपको सिर्फ एक चीज़ की जरुरत है और वह है "इच्छा"। जी हां इच्छा शक्ति के ज़रिये ही आप सब कुछ पा सकते है। घन, दौलत, प्यार और संपत्ति आदि। आप अगर अंतर मन से कुछ चाहते है और उसको पाने के लिए काम करते है तो प्रकृति और भगवान् आपको वह देने के लिए सहायता करती है। यह याद रखिये।

इस धरती पर जितने भी लोग अमीर बने है वो सब इस इच्छा शक्ति का ही इस्तमाल करते है। अगर आप फिर भी इस पर विश्वास नहीं करते है तो यह सोचिये की अमीर आदमी के पास क्या है जो आपसे बिलकुल अलग है? अमीर व्यक्ति के पास दो आख, दो कान, एक नाक, दो हाथ, एक दिमाग और दो पैर है जो आपके पास भी है। तो क्या भाग्य है? जी नहीं उनकी इच्छा और उनका परिश्रम यह दोनों ही चीज़ जो आप से अलग है। अमीर व्यक्ति ने एक बार यह ठान लिया था कि वो अमीर बनेगा इसलिए वो अमीर बन पाया है। लेकिन आप जब भी

काम का समय होता है तो आलस के कारण उसे टाल देते है। है की नहीं? अभी भी समय है। इच्छा शक्ति का इस्तमाल कीजिये और अमीर बनिए। लेकिन एक बात का ध्यान रखिये अगर आप सिर्फ इच्छा शक्ति का इस्तमाल कर के मन में अमीरी का ख्वाब रख, घर में बैठ के सपने देखते है, तो आप कभी अमीर नहीं बन पाएंगे। ज्यादातर लोग यही करते है। अमीर तो बनना चाहते है और ख्वाब भी देखते है लेकिन परिश्रम करना नहीं चाहते और अपने भाग्य को दोष देते रहते है। याद रखिये भगवान पंछी को भी खाना देता है। उसे पैसों की ज़रूरत नहीं पड़ती, लेकिन उसको भी खाना ढूँढना पड़ता है। क्या आप भी पशु और पक्षी की तरह खाना खा के जिन्दगी बीताना चाहते है? अगर हां तो आप किस को झूठ बोल रहे है? खुद को? या अपने परिवार के लोगों को? आप दिन भर अपने परिवार को और खुद को यह झूठ बोलते रहते है कि आप अमीर बनेंगे, यह खरीद के देंगे, वो खरीद के देंगे, गाड़ी देंगे, बंगला बनायेंगे, सारी जरूरतों को पूरा कर देंगे और न जाने क्या- क्या। आप पंछी की तरह रहते है और अमीर बनने का ख्वाब देखते है क्या यह संभव है? आपके चारो तरफ के लोग यही करते है जो आप कर रहे है। अगर आप सच में बदलाव लाना चाहते है तो आपको भी बदलना पड़ेगा। आप खुद सोचिये क्या करने से आप अमीर और सफल व्यक्ति बन सकते है? सोचिये और आगे बढ़िये।

देखिये सफल और कामयाब बनने के लिए कोइ कठिन काम करने की जरुरत नहीं है। पहले आपको खुद को बदलना होगा। अगर आपको लगता है कि आप बदल सकते है तो आप इस किताब में जो कुछ नियम दिए गए है उनको अच्छी तरह से पढ़िए और अपने जीवन पर आज़माना शुरू कर दीजिये। जो नियम यहाँ पर बताये गए है वो नियम अपना के ही दुनिया के

कुछ लोग सफल और अमीर बने है। किताब में जिस रहस्य के बारे में बताया जा रहा है वह अच्छी तरह से अपने जीवन में प्रयोग करना शुरू कर दीजिए। इसमें पहले- पहले दिक्कते आएंगी और आपको लगेगा कि काम नहीं कर रहा है, लेकिन आपको धैर्य रखना है और आगे बढ़ना है। मैं आपके सामने वो रहस्य लेके आया हूँ जो जानने के बाद आप और भी धन संपत्ति, खुशियाँ अपने जीवन में आकर्षित कर सकते है।

अमीर बनना आपका अधिकार हैं तो फिर अप क्यों इस अधिकार से वंचित रहेंगे। बिल गेट्स बोलते है **"अगर आप गरीब पैदा हुए है तो इसमें आपकी गलती नहीं है, लेकिन अगर आप गरीब होके मरते है तो यह आपकी गलती है"**। भगवान ने आपको सब कुछ दिया है। आप खुद ही इसे देख नहीं पाए है।

रस्ते में एक लंगड़ा भिखारी भीख मांग रहा था और उसी रस्ते पर कुछ लोग नशा कर के बक- बक करें जा रहे थे। भिखारी मन ही मन बोल रहा था यह लोग एक नंबर के गधे है। इन सबकी मति मारी गयी है। इनकी बुद्धि भ्रष्ट हो गयी है। भगवान ने इनको सब कुछ सही सलामत दिया फिर भी वो इसका फ़ायदा नहीं उठा पा रहे है। रस्ते पर नशा कर के इधर उधर गिर रहे है। अगर इनकी तरह मुझे भी हाथ पैर सही सलामत दिया होता तो आज में भीख नहीं मांगता। काम कर के अमीर बन जाता और शांति से रहता।

आपने कभी यह सोचा है कि आपके चारो तरफ जो लोग अचल और असहाय है वो आपके बारे में क्या सोच रहे है? अभी भी समय है थोड़ा सोचना पड़ेगा। भगवान ने आपको सब कुछ दिया है। क्यों आपको खुद पर विश्वास नहीं है। आपको लड़ना होगा और खुद को बोलना होगा कि आप भी आगे बढ़ सकते है

और कामयाब बन सकते है, आप कर सकते है। जब आप ऐसा करना शुरू कर देंगे तो परिवर्तन जरुर आएगा। आप भी सफल और अमीर बन जायेंगे। कुछ लोग खुद की असफलता का कारण दूसरों के सर कर देते है। कुछ लोग यह जरुर बोलते है कि उसने हम को क्या दिया? मैं पैसे के बिना कैसे बिजनेस शुरू करू? कोइ मदद नहीं करता, सरकार भी कोई मदद नहीं करती, सरकार ने हम को क्या दिया? कहा है नौकरी? बहुत बड़े- बड़े वादे तो किये थे लेकिन लोन नहीं मिल पाया, वगेरा- वगेरा। यह कैसी सोच है पता नहीं? खुद कभी यह नहीं बोलते की मैंने सरकार को क्या दिया? दुसरो को दोष देने से पहले खुद यह नहीं सोचते की मैंने किसी को क्या दिया? जब यह सोच आने लगेगी तो समझिएगा आपकी ज़िन्दगी बदलने जा रही है। अमरिका जैसे देश में लोग यह सोचते है कि हम कैसे सरकार को ज्यादा से ज्यादा कर यानी टेक्स दे पाएंगे? लेकिन हमारे देश में ज्यादा से ज्यादा लोग यही सोचते है कि सरकार से कितना ज्यादा टेक्स चुरा पाएंगे? कैसे काला धन दुसरे देशो में छिपाया जाए? जनहित के लिए जो पैसा दिया गया है वो कैसे ज्यादा से ज्यादा खाया जाए? ऐसी होती है लोगो की मानसिकता। कुछ लोग अच्छी तरह से पढ़ते नहीं हैं और नौकरी नहीं मिलने पर सरकार को दोष देने लग जाते है। सही समय पर काम नहीं कर के नौकरी के भरोसे रहते है और सरकार को दोष देते रहते है। हमारी सरकार ने कुछ नहीं किया। सरकार कितना करेगी हमारे लिए वो भी तो थोड़ा सोचना पड़ेगा न? सब कुछ अगर सरकार करेगी तो आप क्या करेंगे? घंटा? 125 करोड़ की जनता है और दिन व दिन देश की जनसँख्या इतनी बढ़ रही है। इन सब के लिए कर- कर के थक जायेंगे फिर भी नहीं हो पायेगा। इसलिए सरकार भी अब वादा करती रहती है

जो पूरा हो नहीं पाता इसलिए वादे से ही संतुष्ट होना पड़ेगा। वादा नहीं करेंगे तो वोट कैसे मिलेगा? इसलिए दुसरो पर भरोसा करना छोड़ना पड़ेगा और खुद ही कुछ करने के लिए आगे बढ़ना होगा। डरिये मत, आप ही एक ऐसे व्यक्ति है जो सब कुछ कर सकते है। यह सोचिये और आगे बढ़िये। आप जरुर सफल बनेंगे। सफल बनने के लिए वो बीमार सोच आपको बदलनी ही पड़ेगी, तभी आप सफल बन पाएंगे।

"सफल वो ही बन पाता है जो अपने काम को
हर रोज थोड़ा और ज्यादा करता है"

विश्वास

सफल और अमीर आदमी बनने के लिए अपने ऊपर विश्वास होना चाहिए। आप जैसा विश्वास करेंगे वो बन जायेंगे। आप अगर सोच रहे हो कि आप ज्यादा पैसा नहीं कमा पाएंगे तो आप ज्यादा पैसा नहीं कमा पाएंगे। अगर आप सोच रहे है कि आप अमीर बन पाएंगे तो आप जरुर अमीर बन पाएंगे। यह जो सोच होती है यह हमारे विश्वास से ही उत्पन्न होती है। गलत विश्वास गलत फल देगा और सही विश्वास सही फल देगा। अपने आप पर विश्वास रखिये की आप भी अमीर बन पाएंगे। आप बहुत सारे लोगो की मदद कर पाएंगे। आप गरीबो की मदद कर पाएंगे। चाहे आपके पास एक रूपया भी ना हो तब भी आपका विश्वास आपको एक दिन अमीर बना देगा। हां लेकिन इसमें समय लगेगा।

गौतम एक आलसी लड़का था। वो हमेशा भगवान को याद करता था और प्रार्थना करता रहता था कि "प्रभु आप मेरे जीवन में एक चमत्कार कर दो की में बहुत सारे पैसे कमा पाऊ"। मेरी लोटरी लगा दो, चमत्कार कर दो, आपके आशीर्वाद के बिना में कभी अमीर नहीं बन पऊंगा। बहुत सारे लोगों पर आपने कृपा की है इसलिए वो सब अमीर बन पाए है, वगेरा- वगेरा......। एक दिन भगवान उसकी प्रार्थना के समय प्रकट हो गए और गौतम से पूछने लगे कि तुम्हे क्या चाहिए। गौतम बहुत खुश हुआ और बोला प्रभु आप बस एक आशीर्वाद दे दीजिये की में अमीर बन जाऊं। बहुत सारा पैसा हो, गाड़ी हो, बंगला हो, में भी गरीबो की मदद कर सकू। तब भगवान बोले ठीक है इसके

लिए तुम्हे एक काम करना पड़ेगा। क्या तुम करने के लिए तैयार हो? गौतम बोला हां प्रभु आप जो काम बोलेंगे वो में करूंगा। तब भगवान बोले तो फिर ठीक है मैं तुम्हे एक मन्त्र की किताब दे रहा हूँ। लेकिन इसे कभी खोलना मत, नहीं तो इसकी शक्ति ख़तम हो जाएगी। बस इसे हर रोज़ पूजा कर के एक बार छु लेना और काम पर निकल जाना। जिससे तुम जो भी काम करोगे वो बहुत अच्छा चलेगा और तुम अमीर बन जाओगे। लेकिन तुम इसे सिर्फ 5 साल ही रख सकते हो और 5 साल के बाद में दुबारा इसे लेने आऊंगा। और इस बात को तुम्हे किसी को नहीं बोलना है। क्या तुम्हे यह मंजूर है? तब गौतम हंसी-ख़ुशी से भगवान को बोलने लगा "हां प्रभु 5 साल मेरे लिए बहुत है" मैं इसका इस्तमाल कर के बहुत सारी दौलत कमा लूंगा। आपने जो कृपा की है प्रभु इसके लिए आपका कोटि कोटि धन्यवाद। भगवान ने एक लाल रंग की किताब दी और चले गए।

गौतम बहुत खुश था। हर रोज़ वो उस किताब को छुकर प्रणाम करता और काम पर निकल जाता। उसके मन में यह बात हर रोज़ याद आती थी की 5 साल के बाद भगवान् किताब लेने आ जायेंगे और इसलिए इसका ज्यादा से ज्यादा लाभ उठाना है। लेकिन उसमें यह भी विश्वास था की वो अमीर बन जायेगा क्यूंकि भगवान ने उसे मंत्र की किताब दी है। उसका विश्वास दो गुना हो गया। गौतम ज्यादा महनती बन गया। हर काम पर वो ज्यादा महनत करने लगा। वो दिन दो गुनी और रात चौगुनी मेहनत करके काम करने लगा। दिन व दिन वो धीरे- धीरे पैसा कमाने लगा और देखते ही देखते वो 5 साल के अन्दर अमीर बन गया।

फिर एक दिन भगवान प्रार्थना के समय प्रकट हो गए। गौतम ने भगवान को देखते ही प्रणाम किया। भगवान ने पूछा कि "क्या तुम्हे अपनी इच्छा के अनुसार धन प्राप्ति हुई ?" गौतम बोला "हां प्रभु आपने जो किताब दी थी उससे यह चमत्कार हो पाया है। आज मेरे पास सब कुछ है। आपका कोटि- कोटि धन्यवाद प्रभु, आपका कोटि- कोटि धन्यवाद"। भगवान बोले "अब तुम मुझे वो किताब दे दो"। तब गौतम ने किताब को भगवान को देने के लिए उठाया। फिर भगवान बोले "अब तुम इस किताब को खोलकर देख सकते हो"। गौतम बहुत खुश था। इतने दिन से उस किताब के अन्दर क्या चमत्कारी मंत्र है वो देखने के लिए उत्सुक था। उसने झट से उस किताब को खोला और पहला पन्ना देखा तो कुछ नहीं था। दूसरा पन्ना भी देखा तब भी कुछ नहीं लिखा था। तीसरा भी देखा वो भी खाली था। ऐसा करते करते पूरी किताब देख ली पर कुछ भी लिखा नहीं था। तब गौतम ने भगवान से पूछा "प्रभु यहाँ तो कुछ भी नहीं लिखा है"! तब भगवान मुस्कुराते हुए बोले "बिलकुल इस किताब में कुछ भी नहीं लिखा है"। गौतम बोला "तो प्रभु में अमीर कैसे बन गया"? भगवान बोले वो है "विश्वास", पहले तुम्हे अपने आप पर विश्वास नहीं था इसलिए तुम कोई भी काम नहीं करते थे और अमीर नहीं बन पाए। लेकिन जब तुम्हारे अन्दर विश्वास पैदा हो गया की भगवान ने आशीर्वाद दिया है अमीर बन जाओगे, तब तुम काम करने लगे। यह विश्वास ही लोगो के पास नहीं होता है और इसलिए वो सफल नहीं हो पाते। जिन लोगों के पास यह विश्वास होता है वह सफल बन जाते है। विश्वास के साथ जब परिश्रम जुड़ जाता है तब इंसान कुछ भी प्राप्त कर सकता है। गौतम यह जो राज़ आज तुम्हे पता चला है वो तुम उन लोगों को बताओ जिनके पास विश्वास की

कमी है। आज से यह दायित्व तुम्हारा है। मेरा यह सन्देश तुम सब तक पहुँचाओ ताकि सभी सफल बने।

गौतम को सब कुछ पता चल गया और भगवान को प्रणाम करते हुए उसने कहा "हे प्रभु आपका यह सन्देश में सबको बताऊंगा। आज से मैं यह काम करूँगा"। भगवान तब वहा से चले गए। उसी दिन से गौतम इस काम पर लग गया और लोगों को सफलता का राज़ बताने लगा।

आपके पास भी विश्वास की कमी होगी। इस कहानी से आपको यह बात अच्छी तरह से समझ आ गई होगी। आपको भी आज से अपने अन्दर विश्वास पैदा करना है। इस किताब को पढ़ने का मतलब है की आप भगवान के सन्देश को पढ़ रहे है। मन में कोई शंका नहीं रखनी है और आगे बढ़ते जाना है। आप एक दिन सफल बन जायेंगे।

रुको नहीं झुको नहीं

"रुको नहीं झुको नहीं, तुम एक दिन जीत जाओगे।
रुको नहीं झुको नहीं, तुम तारो को छु पाओगे।।
गगन भी झुक जायेगा, पहाड़ भी टूट जायेगा।
यह होसले की गर्मी देख, बरफ भी पिघल जायेगी।।
रुको नहीं झुको नहीं, तुम एक दिन जीत जाओगे।
रुको नहीं झुको नहीं, तुम तारो को छु पाओगे।।
यह मुश्किले सारी तुम्हारी, तुम को छोड़ जाएगी।
कठनाईयाँ सारी तुम्हारी, डर डर के भाग जाएगी।
विश्वास की अग्नि जब, ज्वालामुखी बन जाएगी।।
रुको नहीं झुको नहीं, तुम तारो को छु पाओगे।
रुको नहीं झुको नहीं, तुम एक दिन जीत जाओगे।।
तुम एक दिन जीत जाओगे।।
तुम एक दिन जीत जाओगे।।

“अगर आप ढूंढते है तो
आपको ज़रूर मिलेगा”

सकारात्मक स्वभाव

अगर आपको सफल बनना है तो सबसे पहले पॉजिटिव सोच रखनी पड़ेगी। नेगेटिव सोच वाले लोग, नेगेटिव बाते इन सब से दूर रहना होगा। आपको थोड़ा सा बदलना होगा। नेगेटिव सोच वाले लोगो से दूर रहने का मतलब यह नहीं है कि आप उन लोगो को बिलकुल ही तुच्छ समझे। मेरे कहने का मतलब यह है कि आप उन लोगो को कभी नहीं बदल पाएंगे बल्कि वो लोग आपको उनकी बातें सुना के, आपको डर दिखा के, आप जो करना चाहते हो उस उद्देश्य से दूर ले जायेंगे। आपके विश्वास और साहस को तोड़ देंगे और उनके जैसे सोचने के लिए मजबूर कर देंगे। यह उन लोगो का दोष नहीं है, वो लोग कभी भी अपने आप पर विश्वास नहीं कर पाए और इसलिए आगे भी नहीं बढ़ पाए है। कैसे पहचानेंगे ऐसे लोगो को? ऐसे लोग बहुत आलसी होते है, दिन भर दूसरो की बाते करते रहते है, ऐसे लोगो के मुख से आप कभी भी अच्छी बाते नहीं सुन पाएंगे, कुछ होने से ही शिकायत करने लगते है, हमेशा खुद के काम को दुसरो के द्वारा करने की चाहत रखते है, दुसरो की गलतियाँ निकालते रहते है, समय मिलते ही गप्पे मारने और टी.वी. देखने बैठ जाते है, गलती होने पर उसे दुसरो के ऊपर थोप देते है, हमेशा दुसरो की हंसी उड़ाते रहते है, खुद को बहुत ज्यादा समझदार मानते है और दुनिया में उन्हें ही सब कुछ पता है ऐसा व्यवहार रखते है आदि।

ऐसे लोग कभी आपको अच्छा रास्ता नहीं दिखा पाएंगे बल्कि आपको अंधेरे में धकेल सकते है। इसलिए आपको ऐसे

लोगो से सावधान रहना होगा। ऐसे लोग आपके दोस्त, रिश्तेदार और पड़ोसी हो सकते है। कभी- कभी घर के लोग भी ऐसे ही होते है लेकिन ज्यादातर ऐसा नहीं होता। बाहर के लोगों को तो आप संभाल पाएंगे लेकिन अगर आपके घर में ऐसे लोग हो तो आप क्या करेंगे? याद रखिये ऐसे लोगों को आप कभी बदल नहीं पाएंगे। सबसे पहले आप खुद बदलिए और जब आपका बदला हुआ रूप देखेंगे और सफलता दिखाई देगी तब वो लोग खुद आपको देखकर बदल जायेंगे। आपको उन्हें बदलने की जरुरत ही नहीं पड़ेगी।

अभी सवाल यह उठता है कि आप खुद को कैसे सकारात्मक रखेंगे। इसके लिए आपको कुछ अभ्यास करना पड़ेगा। रोज़ सुबह उठकर बोलिए “आज मेरा सबसे अच्छा दिन है”, “आज का दिन बहुत अच्छा जाने वाला है” और नहाते वक्त बोलिए “मैं सब कुछ कर सकता हूँ”, “मैं हीरे की तरह चमकता हूँ”, “भगवान् मुझे सब कुछ देंगे” और आईना देखते वक्त बोलिए “मैं बहुत सुन्दर हूँ”, “मैं पैसो को अपनी तरफ प्रचुरता से आकर्षित करता हूँ”, “मैं समाज के हित में काम करता हूँ”। रात को सोते समय प्रार्थना कर के बोलना है “भगवान मेरी सारी समस्याओं का हल करते है”, “भगवान मेरी सारी जरूरतों को समय से पहले पूरा करते है”। यह कुछ बाते आपको हर दिन बोलनी है। यह काम सिर्फ बोल के नहीं करना है, यह बाते जब बोलेंगे तब आपके अन्दर भी ऐसा ही अनुभव होना चाहिए। अभी आपके पास यह सब नहीं है फिर भी आपको यह सब कुछ आपका है ऐसा अनुभव करके खुशहाल मन से बोलना है। विश्वास भी रखना होगा की आपको यह सब मिल जायेगा या मिल रहा है। हो सकता है पहले- पहले आपको ऐसा लगे की

यह काम नहीं कर रहा है लेकिन आपको फिर भी यह लगातार करना है।

आप यह मत सोचिये की यह कैसे होगा? आप बस करते जाईये। इसे करने के लिए कोई पैसा नहीं लगता बस करते जाइये। एक बार कर के देखिये तो प्रमाण मिलना और परिवर्तन शुरू हो जायेगा।

बचपन से आप सुनते आये है, कुछ भी करने से पहले आपके परिवार के लोग, आपके दोस्त, आपके रिश्तेदार सभी बोलते थे, "यह तुम नहीं कर सकते" "यह नहीं होगा", "यह तुम्हारे लिए मुश्किल है" आदि। सिर्फ "नहीं", "नहीं", "नहीं" शब्द सुन- सुन कर हमारे दिमाग में नहीं शब्द घर बना के बैठ गया है । कुछ सोचने से पहले ही निकल जाता है, नहीं हो सकता शायद? हमारे दिमाग पर तीन तरह से बाते घुसती है, पहला कानो से सुनके, दूसरा आँखों से देखके और तीसरा मुह से बोल के। आँखों से देखते है कि कोइ सफल नहीं हो पाता। कानो से सुनते है कि किसी को बिजनेस में घाटा हुआ है। वो सुनने के बाद हम भी उन सब की बाते दोहराते रहते है अपने मुह से। इन तिन अंगो से हमारे दिमाग में "नहीं" शब्द घर बना कर बैठ जाता है और निकल ही नहीं पाता। आपको इस "नहीं" शब्द को "हाँ" में बदलने के लिए यह सब बाते दौहरानी पड़ेगी। ऐसा करते करते आपको महसूस होगा की पुराना वाला "नहीं" शब्द अब गायब हो गया है और तभी से आपकी ज़िन्दगी आगे बढ़ने लगेगी और आप कमियाबी की तरफ एक और सीढ़ी चढ़ जायेंगे।

खुद पर विश्वास और भगवान् पर विश्वास रखिये। कुछ लोग खुद पर विश्वास नहीं कर के हमेशा भगवान् के भरोसे रहते है और कुछ नहीं करते। सोचिये तो भगवान् कहा रहते है?

कभी आपने भगवान् को देखा है? गीता में भगवान् श्री कृष्ण ने कहा है कि **"में हर प्राणी के अन्दर हूँ, हर मनुष्य के अन्दर हु"।** अगर आपको खुद पर विश्वास नहीं है तो इसका मतलब है की आपको भगवान के ऊपर भी विश्वास नहीं है। अगर आप यह मानते हैं की भगवान अपके अन्दर है, वो हमें सब कुछ देंगे तो ऐसा बिलकुल नहीं होने वाला। किसी ने सच ही कहा है कि **"कभी भगवान के भरोसे नहीं रहना चाहिए क्या पता भगवान आपके भरोसे हो?"** इसलिए विश्वास रखिये और काम पर लग जाइए। कर्म से अपना भाग्य बदल डालिए परिवर्तन जरुर आएगा।

एक आदमी हर रोज़ भगवान को शिकायत करता रहता था कि उसके पास ख़ुशी नहीं है, कुछ भी अच्छा नहीं है और एक दिन तो ज़ोर- ज़ोर से रो- रो के चिल्ला कर भगवान को शिकायत कर रहा था। हे भगवान्! अपने मुझे कुछ भी नहीं दिया, हमेशा कष्ट दिया, दर्द दिया, दुःख दिया, ऐसा क्यों किया भगवान? मैं तो तुम्हारी पूजा करता रहता हूँ। अचानक भगवान सामने प्रकट हो जाते है और पूछते है क्या हुआ बेटा? क्या परिशानी है? तुम इतनी जोर जोर से क्यों रो रहे हो? तब वो आदमी गुस्से से भगवान् से बोलता है "क्या भगवान् जी आपने कभी मेरा खयाल नहीं रखा, आपने कभी मेरी जरूरते पूरी नहीं करी, बहुत सारे कष्ट दिए" वगैरह- वगैरह। मैं आपकी इतनी पूजा अर्चना करता हूँ, हर दिन आपके लिए प्रसाद चढ़ाता हूँ, आपके सामने घंटो पूजा करके वक्त बर्बाद करता रहता हूँ, फिर भी आपने मुझे दुःख और कष्ट के अलावा कुछ भी नहीं दिया। भगवान जी तब थोड़ा सा मुस्कुरा के बोले "देखो वत्स मैंने तो तुम्हे वह सब कुछ दिया जो तुमने मांगा था"। तब वो आदमी और भी ज्यादा गुस्से में बोला "जो मांगा था वो कहाँ दिया?"

इतनी गरीबी, इतना ज्यादा परिश्रम, इतना कष्ट दिया आपने। पैसो की तंगी की वजह से कुछ भी पसंदीदा चीज़ नहीं खरीद सकता, अच्छा खाना, कोइ अच्छा फल भी नहीं खा सकता और आप बोल रहे हो की सब कुछ दिया।

तब भगवान् जी बोले "वत्स थोड़ा ध्यान से सोच के देखो तो, तुमने क्या मांगा था? क्या तुम हर दिन यह नहीं मांगते थे कि "हे भगवान! आप बस ऐसे ही मुझे और मेरे परिवार को पेट भर खाना देते रहना" क्या यह नहीं मांगा था? तब वो आदमी बोला "जी हां यह मांगा था"। तो भगवान बोले "क्या तुम्हे और तुम्हारे परिवार के लोग पेट भर के खाना नहीं खाते है"? आदमी बोला "जी हाँ खाते है"। फिर भगवान ने पूछे "क्या यह नहीं मांगा था कि तुम्हारी अपने पड़ोसियों जैसी इज्जत और सम्मान रहे"? "जी हां यह मांगा था", आदमी बोला। फिर भगवान बोले "क्या तुम्हारी इज्ज़त पड़ोसियों के साथ समान नहीं है"? तो वो आदमी बोला "जी हा है"। फिर भगवान बोले "तुमने तो यही मांगा था जो मैंने तुम्हे दिया है। क्या मैंने तुम्हे कभी बोला था की तुम ज्यादा मांगोगे तो में तुम्हे नहीं दूंगा"? आदमी बोला नहीं प्रभु। फिर भगवान बोले "तो क्यों तुमने ज्यादा नहीं माँगा? जानते हो इंसान जो भी मांगता है मैं वो देता हूँ, हां इसमें थोड़ी देर हो सकती है। जानते हो मैंने तुम्हे ना मांगते हुए भी संसार की सबसे मूल्यवान चीज़ दि है"? आदमी बोला नहीं प्रभु, क्या है वो चीज़? भगवान बोलते रहे...

"सुनो मैंने तुम्हे ज़बान दि है, जिससे तुम हमेशा अच्छी बाते बोलो लेकिन तुमने सारा जीवन अपनी ज़बान से गलत ही बाते बोली है, गाली निकली है और हमेशा शिकायत करते रहे। मैंने तुम्हे दो कान दिए है, अच्छी बाते सुनने के लिए, लेकिन

तुम ने ज़िन्दगी भर बुरी और गन्दी बाते सुनने में ही बिता दि। मैंने तुम्हे दो आँखे दी है, अच्छी चीज़े देखने के लिए लेकिन तुमने पूरी ज़िन्दगी ख़राब और बुरी चीज़े देख के बिता दि। मैंने तुम्हे काम करने के लिए दो हाथ दिये है लेकिन तुम तो थोड़ा सा काम करने के बाद आलसी बन जाते हो और अपना काम दुसरो से करवाते हो। मैंने तुम्हे अच्छी राह पर चलने के लिए दो पैर दिए है लेकिन तुम हमेशा गलत राह को ही अपनाते रहे। मैंने तुम्हे अच्छी सोच रखने के लिए और समाज का कल्याण करने के लिए, इतना अच्छा दिमाग दिया है लेकिन तुम्हारा दिमाग हमेशा नकारात्मकता से भरा हुआ है और तुम हमेशा गलत ही सोचते रहे और सिर्फ अपने स्वार्थ के लिए ही सोचते रहे। अपने लाभ के लिए दुसरो की क्षति हो रही है इसके बारे में कभी नहीं सोचते थे। मैंने तुम्हे जो कुछ भी दिया है उसका तो सही इस्तमाल कभी नहीं किया और मुझसे और ज्यादा की मांग कर रहे हो? कैसे दूंगा में तुम्हे"?

भगवान और बोलते है "जानते हो तुम जिस रास्ते से जाते हो हर रोज़ वहा एक लंगड़ा भिखारी बैठा रहता है। जो हर रोज़ मुझसे मांगता रहता है कि "प्रभु आपने इन सबको पैर दिए है फिर भी यह लोग कुछ करते नहीं है सिर्फ इधर- उधर चलते रहते है और गलत राह पर जा रहे है। कृपया आप मेरे पैर ठीक कर दो मैं संसार की सभी जगह पर जाऊंगा, भाग- दौड़ करूंगा और अच्छा कामया करूँगा एक अच्छी राह अपनाऊंगा" क्या में उस भिखारी को तुम्हारा पैर दे दू? तब आदमी डर के मारे बोला नहीं प्रभु नहीं। भगवान और बोले "जानते हो थोरी दूर पर जो बाज़ार है, वहा एक अंधा और एक बहरा भिखारी है, जो बोल भी नहीं पाते है वो दोनों हमेशा मुझसे मांगते रहते है कि "प्रभु आपने इन सबको आँखे दी है लेकिन यह लोग कुछ

अच्छा देखने के लिए, अच्छा काम नहीं करते और तो और आपको एक बार देखने के लिए भी इनके पास समय नहीं रहता दिन भर गलत चीज़े ही देखते रहते है, दिन भर गाली देते रहते है, लोगो का बुरा करते रहते है, दुसरो की क्षति करते रहते है, हम को आँखे और ज़बान दे दो प्रभु हम आपको देखना चाहते है, आपका भजन गाना चाहते है, संसार की और गरीबो की भलाई करना चाहते है, लोगो को अच्छे उपदेश देना चाहते है"। भगवान् तब बोले क्या तुम्हारी ज़बान और आँखे दे दु उनको? तब वो आदमी डर के मारे काँपते हुए बोला नहीं प्रभु ऐसा अनर्थ मत करना।

भगवान और बोलते रहे... रेल की पटरी के पास एक और भिखारी बैठा हुआ है जिसका एक हाथ नहीं है और मानसिक रूप से दुर्बल है। वो हमेशा मुझसे बोलता रहता है कि "प्रभु लोग अच्छा और स्वस्थ दिमाग रहने के बावजूद कुछ अच्छा सोच नहीं पाते, हमेशा दुसरो की बुराई के बारे में सोचते रहते है, गलत आईडिया निकालते रहते है , उन्नत और कामयाब बनने के लिए गलत बिजनेस चुनते रहते है, दो हाथ होने के बावजूद काम नहीं कर के कैसे अमीर बना जाए इसके बारे में सोचते रहते है, काम करने के वक्त आलसी बन जाते है, और जब काम करने के लिए जाते है तो समाज और दुसरो की क्षति करते रहते है, हे प्रभु आपने मुझे अच्छा दिमाग और हाथ क्यों नहीं दिए? में बहुत काम करना चाहता हूँ, में अच्छा काम करना चाहता हूँ, समाज और गरीबो की भलाई करना चाहता हूँ, में अमीर बनना चाहता हूँ। तब भगवान बोले क्या में उस भिखारी को तुम्हारा हाथ और दिमाग दे दू?

तब फिर से रोते हुए वो आदमी बोला नहीं प्रभु ऐसा कभी मत करना। मैं समझ गया प्रभु मैंने क्या गलती की है। प्रभु मैं और कभी शिकायत नहीं करूंगा, मैं हमेशा अच्छा काम करूंगा, समाज और लोगो की भलाई के लिए काम करूंगा, एक अच्छी राह अपनाऊंगा और लोगो से हमेशा अच्छा व्यवहार करूंगा। भगवान फिर बोले सुनो तुम जो मुझे प्रसाद के रूप में लड्डू, मिठाई, फल चढ़ाते रहते हो कभी मुझे वो खाते देखा है? संसार के करोड़ो लोग मुझे इतना सारा फल, दूध, मिठाई चढ़ाते रहते है, में कितना खाऊंगा बोलो तो? मेरा तो एक ही पेट है, और इतने सारे फल और भोग कैसे खा पाऊंगा? इतना सब कुछ मुझे नहीं चाहिए इतना सारा दूध जो नष्ट होता है चढ़ावे के नाम पर, यह अगर गरीबो में बाट दिया जाता तो मुझे ज्यादा ख़ुशी होती। में तो थोड़े से ही संतुष्ट हो जाता हूँ। महनत की कमाई से अगर थोड़ी सी चीनी भी मुझे दे दो तो में तृप्त हो जाता हूँ।

भगवान और बोलते रहे....जानते हो तुम जब मेरे सामने जाकर प्रार्थना करते हो और मन ही मन बड़- बड़ करते रहते हो, इतना सब कुछ बोल लेते हो जो तुम खुद ही नहीं सुन पाते हो। एक भवरे की तरह ही गुन- गुन करते रहते हो। तुम जब ऐसे बड़- बड़ करते रहते हो तब करोड़ो लोग एक साथ ऐसे ही करते रहते है। मुझे तब एक फसे हुए टेप रिकॉर्डर की तरह ही सुनाई देता है पुर- पुर पुर- पुर........। तुम्हें जब गाली देनी होती है तब तुम्हारी आवाज माइक की तरह बजने लगती है और जब प्रार्थना करने लगते हो तब तुम्हारी आवाज कहाँ चली जाती है? जो प्रार्थना तुम खुद सुन नहीं पाते हो वो मैं कैसे सुन सकता हूँ? मैं जब सुनूंगा तभी तो दूंगा।

तब वो आदमी प्रणाम करते हुए बोलने लगा, प्रभु मुझे क्षमा कर दो, मुझे अपनी गलती का अहसास हो गया है, आगे से मैं ऐसा कभी नहीं करूंगा। बहुत परिश्रम करूंगा, कभी गलत नहीं सोचूंगा, कभी शिकायत नहीं करूंगा, कभी गलत राह पर नहीं चलूंगा, लोगो के हित में काम करूंगा, अपने परिवार की सभी इच्छाओं को पूरा करूंगा, खुश रहूंगा और दुसरो को भी खुश रखूंगा। हे प्रभु! मुझे इस अंधकार से उजाले में लाने के लिए आपका कोटि- कोटि धन्यवाद। भगवान तब वहा से चले गए। उसी दिन से वो आदमी परिश्रम करने लगा। दुसरो की भी सहायता करने लगा। हमेशा खुश रहने की कोशिश करने लगा, कभी भी शिकायत नहीं करता। और देखते ही देखते एक दिन वो बहुत बड़ा और अमीर आदमी बन गया।

"जितना बढ़ा ज्ञान

उतनी बढ़ी सफलता"

आकर्षण

हमें इस दुनिया में जो कुछ भी मिलता है वो सिर्फ आकर्षण के सिद्धांत के कारण ही होता है। जब किसी के जीवन में कोइ ऐसी घटना होती है जो वो नहीं चाहता था, तब वो अपने भाग्य को ही दोष देता है। लेकिन असल में ऐसा नहीं है, यह आपके भाग्य का दोष नहीं है यह आकर्षण के कारण हुआ था। सुनने में अजीब सा लगता है, हे ना? असल में यही सच है। लोग जो चीज़ नहीं चाहते है, ज्यादातर उसी को लेकर ही सोचते रहते है। अब आप बोलेंगे बिलकुल नहीं। लेकिन आप ऐसा ही करते है। मैं आपको एक उदाहरण के साथ समझाता हूँ। आपने किसी से प्यार किया है और उससे शादी करना चाहते है। लेकिन वहा एक दिक्कत है कि आप जिससे प्यार करते है उसके घरवाले इस रिश्ते के बिलकुल खिलाफ है। उसके भाई, बहन, माँ, बाप और चाचा कोई भी हो सकता है जो आपके इस रिश्ते को तोड़ने के लिए हर तरह का प्रयास कर रहे है। अब, जब आप अपने प्यार के बारे में सोचते है तब झट से यह खयाल आता है की कोई आपके और आपके प्यार के बीच बांधा ढाल रहा है और सोचने लगते है की आगे बहुत लफड़ा होने वाला है। बहुत झगडा और मारपीट होने वाली है। और एक दिन ऐसा ही होता है। तब आप यह बोलते है मैंने जैसा सोचा था वैसा ही हुआ। इसका कारण है निगेटिव आकर्षण। आप जब कुछ पॉजिटिव सोचते है तब झट से उसका निगेटिव दिमाग में आ जाता है और आप उसको और ज्यादा सोचने लगते है और आपकी वही निगेटिव सोच उर्जा के रूप में ब्रम्हांड में चारो तरफ फ़ैल जाती है और प्रकृति वही आपके सामने ला देती है। यह एक वैज्ञानिक पद्धति

से होता है। मैं फिर से बोल रहा हूँ की हम जो भी सोचते है वो चाहे पॉजिटिव हो या निगेटिव, वो उर्जा के रूप में प्रकृति के चारो तरफ फ़ैल जाती है और प्रकृति उसको आपके सामने पेश कर देती है। यही है आकर्षण का सिद्धांत। आकर्षण का सिद्धांत हमेशा यह बोलता है की आप जो चीज़ चाहेंगे वो आप पाएंगे। इसलिए आपको आज से ही अच्छा सोचना शुरू करना है। जो आप चाहते है उसके बारे में सोचिये। धन, संपत्ति, गाड़ी, प्यार, ख़ुशी, दोस्त और स्वास्थ जो भी है इसके बारे में यह सोचिये की ये आपके पास आ रहा है। अगर कोई समस्या है तो उस समस्या से क्या अच्छा होने वाला है वही सोचिये। फिर भी समस्या का सोच कुछ नेगेटिव बार- बार आपके मन में आता है तो जोर- जोर से बोलिए "यह मेरे लिए नहीं है" "यह मेरे लिए नहीं है" "यह मेरे लिए नहीं है"। अच्छी- अच्छी बाते सोचिये आपका अच्छा होगा। आप अगर पैसे की समस्या से जुंझ रहे है तो आप यह बोलिए "मेरी सारी समस्याएं ख़तम हो गयी है"। "अब में बहुत खुश हूँ"। "अब में बहुत खुश हूँ", "अब में बहुत खुश हूँ"। और काम पर लग जाईये।

आकर्षण के सिद्धांत को और भी सरल पद्धति से आप इस्तमाल करना शुरू कीजिये। आप अपने जीवन में जो कुछ भी चाहते है उसकी एक लिस्ट बनाइये और एक सादे कागज पर लिख डालिए। उसकी चार से पांच कॉपी कर के घर की दीवारों पर लगा दीजिये और हर दिन उसे देखकर बोलिए "यह सिर्फ मेरा है" "यह मेरा है" "यह मेरा है" "यह मेरा है"। मन में विश्वास के साथ हर दिन देखिये और बोलते रहिये। आकर्षण के सिद्धांत को और भी तेज़ करने के लिए उस लिस्ट की हर चीज़ पर एक तारीख ढाल दीजिये जिसके भीतर आपको वो चाहिए। ऐसा करने से आपको वो चीज़े पाने के लिए जो काम करना होगा

उसकी गति बढ़ जाएगी और प्रकृति और भगवान आपको वो पाने में सहायता करेंगे। याद रखिये जब आप ऐसा करते है तब भगवान आपको अवसर देते रहेंगे, हर बार आपको वो अवसर पहचानना है। जब भी आपके पास कोई अवसर आए तब यह सोचिये क्या यह वो तो नहीं जो इन चीजों को पाने के लिए आपकी सहायता करेंगा? अगर ऐसा हो तो आप उसको ज़रूर कीजिये। याद रखिये ईमानदारी से, यह भी याद रखिये की आपके जो भी सपने है वो हमेशा वास्तविक और अच्छे होने चाहिए। तभी आप अपने लक्ष्य तक पहुच पाएंगे।

आकर्षण के सिद्धांत को इस्तमाल करके लाखों- करोड़ो लोगो ने जो चाहा, वो पाया है। हमारे जीवन में जो भी अच्छा या बुरा घट रहा है, वो आकर्षण के सिद्धांत के कारण ही हो रहा है। इसी आकर्षण के सिद्धांत को मान के बहुत सारे बुद्धिजीवी लोग अमीर बन पाए है। आप जब कुछ सोचते है तब उसका 90 प्रतिशत काम हो जाता है बाकी का 10 प्रतिशत काम आपको पूरा करना है। हमारे चारो तरफ आज जो कुछ भी है चाहे वो घर, गाड़ी, हवाई- जहाज, रोकेट, बन्दुक, ट्रेन, टी.वी, फ्रिज, फेन, कूलर, लाइट, कपडा, आपका पर्स, आपकी घड़ी, आपके जूते, आपका मोबाइल वगैरह- वगैराह। यह सब आकर्षण के सिद्धांत के कारण ही हुआ है। किसी ने इन सब को चाहा है इसलिए यह वास्तविक रूप से हमे नज़र आ रही है और अब हम इन सब चीजों को भोग रहे है। है की नहीं?

आकर्षण के सिद्धांत को और भी अच्छी तरह से समझने के लिए आप “रहस्य” “The Secret” नामक किताब को जरुर पढ़िएगा। यह एक ऐसी किताब है जो आपको बहुत अच्छी तरह से आकर्षण के सिद्धांत को समझाएगी। इस चमत्कारी किताब

को पढ़के लाखो लोग उपकृत हुए है। इस किताब में आपको आकर्षण क्या करता है और किस तरह आकर्षण करना है जिससे आप अपने जीवन में जो चाहेंगे वो पाएंगे, सब सुन्दर और विस्तृत तरीके से लिखा हुआ है। लेखिका रोहंडा ब्रेन ने बहुत सारे सफल व्यक्तियों की सफलता के बारे में बताया है। और इस किताब को पढ़के आप भी यह कला सीख जायेंगे।

“अज्ञानी आदमी हमेशा

भौकता रहता है”

प्यार

पहले खुद से प्यार करे। अगर आप खुद से प्यार नहीं करेंगे तो दुसरो को कैसे प्यार करेंगे। लोग क्या करते है दिन भर गलत चीज़ें खाते रहते है और अपने स्वास्थ को ख़राब करते रहते है। और एक दिन उनका शरीर बीमारियों का घर बन जाता है। सबसे पहले आपको खुद से प्यार करना पड़ेगा। इतना सुन्दर शरीर भगवान् ने आपको दिया है, जिसमे दो सुन्दर आँखे, दो हाथ, दो कान, दो पैर, एक नाक और एक स्वस्थ दिमाग है। बहुत सारे लोगो को यह नसीब नहीं होता। आप बहुत भाग्यवान है। उसे क्यों ख़राब करते रहते है? अपने शरीर को देखिये और बोलिए "में सुन्दर हूँ", "में स्वस्थ हूँ", "मैं गलत चीज़े नहीं खाता हूँ", "मैं अपने स्वास्थ को ख़राब नहीं करता हूँ"। हर रोज़ यह बोलिए और अपने स्वास्थ को अच्छा और बहतर करने का प्रयास कीजिये। अगर आप किसी नशे के शिकार है, तब भी ऐसा अगर रोज बोलते है तो नशा आप से दूर चला जायेगा। कुछ लोग ऐसे होते है जो नशा करते है लेकिन दिल के बहुत अच्छे होते है। यह लोग लोगों की मदद करते रहते है। दूसरो की प्रसंशा करते रहते है, हमेशा अच्छी- अच्छी बाते करते रहते है, किसी का बुरा नहीं चाहते। यह सब अच्छी चीज़े करते रहते है। फिर भी अपने आप से प्यार नहीं करते है। दुसरो के साथ अच्छा कर के अपने साथ बुरा व्यवहार करना भी एक बुरी आदत है, इसे सुधारना होगा। इन लोगों को पता नहीं होता की उनके अन्दर भी भगवान रहते है। अगर पता होता तो ऐसा नहीं करते।

जब कोई व्यक्ति अपने आप को चोट पहुँचता है, तब उसके अन्दर बसे भगवान को भी कष्ट पहुँचता है। अन्दर का भगवान जब दुखी होगा तो आप कैसे सुखी रहेंगे? इसलिए सबसे पहले अपने आप से प्यार कीजिये। अपने आपको अच्छा और स्वस्थ रखने की कौशिश कीजिये। आप जब स्वस्थ और अच्छे रहेंगे तब आप ज्यादा से ज्यादा धन कमा पाएंगे और अमीर बन पाएंगे।

अपने काम से प्यार कीजिये। आप जो काम कर रहे हो उसे प्यार करना शुरू कर दीजिये। आप जो काम कर रहे हो उसे करने में आपको अगर अच्छा नहीं लग रहा है सिर्फ अपने और अपने परिवार की जरूरते पूरा करने के लिए कर रहे है, फिर भी उसकी श्रद्धा कीजिये। क्यूंकि वो काम आपको खाना दे रहा है और अपने काम के प्रति इमानदार रहिये। अच्छी तरह से काम को करने की कौशिश कीजिये और उसके साथ ही कोई ऐसा काम करिए जो आपको अच्छा लगता हो, जिस काम को करने में आपको मज़ा आता हो और अच्छा लगता हो क्यूंकि जो काम प्यार और मज़े से किया जाता है उसी काम को करने से ही अमीर बना जा सकता है। अगर आपको अमीर बनने की इच्छा है तो आप ऐसा कीजिये। आपके अन्दर कोई न कोई तो ऐसा काम होगा जिसको करने के लिए कभी न कभी आपने सोचा था। जिसके बारे में सोचते ही आप अच्छा महसूस करने लगते है। सोचिये वो क्या था? उसको अन्दर से खोज निकालिए और काम पर लग जाइए। जरुरत पूरा करने के लिए जो काम कर रहे है उसे झट से नहीं छोड़ना है। आपके पसंद के काम को करते- करते अच्छी इनकम हो रही हो और जब आपको लगे कि आपके पसंदिदा काम को करने से आपकी खुद की और आपके परिवार की जरूरते पूरी हो सकती है तब आप छोड़ने की सोचिये। अगर आप पहले से ही अपने पसंदिदा काम को कर के

यह सोचे की अमीर बनूंगा, और जो काम कर रहे है उसे छोर देते है, तो इससे बड़ी मुर्खता और कुछ नहीं हो सकती। क्यूंकि आप जो काम करना पसंद करते है उसे करने के लिए पहले काफी कठिनाइयों का सामना करना पड़ सकता है और आपको पैसो की भी तंगी हो सकती है। इसलिए आपको आपके परिवार को चलाने के लिए कही और से आर्थिक बेक- अप मिलना चाहिए।

इस संसार में मनुष्य, पशु, पक्षी और सभी तरह के जीव भगवान ने बनाये है एक दुसरो से प्यार करने के लिए। अगर आप इन सबसे प्यार नहीं करेंगे तो भगवान आपको कैसे प्यार करेंगे? एक कहावत है **"जीव से जो प्रेम करता है, वही भगवान को पाता है"**। इसलिए सबसे प्यार करना सीखिए। प्यार करने में क्या जाता है बस दुसरो से अच्छी तरह से बाते करना, दुसरो के बारे मे अच्छा सोचना, दुसरो के अच्छे गुणों को देखना यही तो करना है। क्या यह मुश्किल है? ध्यान रखिये इन सब छोटी-छोटी चीजों का परहेज़ करने के कारण लोग दुखी होते है। आप ऐसा मत कीजियेगा। आज से और अभी से यह शुरुआत कर लीजिये। आपके बुरे दिन अच्छे दिन में परिवर्तन होने लग जायेंगे, आप भी अमीर बन जायेंगे।

“परिवर्तन को स्वीकार करना ही
सफलता के पथ पर चलना है”

कर्म

कर्म यानि काम करना ही चाहिए। पहले बताई गई बातों का अनुसरण करने के बाद अगर आप भगवान् पर विश्वास करके बैठ गए की भगवान आपको अमीर बना देगा तो आप गलत है। आपको भगवान पर विश्वास करना है, लोगे से भी प्यार करना है, आकर्षण के सिद्धांत का भी इस्तमाल करना है और साथ में काम भी करना है। काम के बिना सफलता नहीं मिलती। जितने भी सारे अमीर और सफल व्यक्ति है वो रातो- रात अमीर नहीं बने है काम और परिश्रम कर के ही बने है। शायद ही ऐसा कोई आदमी दिखाई देगा जो लौटरी से पैसा जीतने के बाद अमीर बना हो। अगर ऐसा कोई है तो वो फिर से गरीब बन सकता है। क्यूंकि उसको उन पैसो का सही इस्तमाल कैसे करना है इसका कोई ज्ञान नहीं होता। परिश्रम और काम कर के अमीर बना व्यक्ति अगर गरीब बन भी जाये तो वो दुबारा अमीर बन सकता है। क्यूंकि उसे पता होता है की कैसे पैसा कमाया जाता है और उसे कैसे सुरक्षित रखा जाता है या फिर कैसे निवेश किया जाता है इसलिए काम करना बहुत जरुरी है।

कोई भी काम छोटा या बड़ा नहीं होता। काम काम होता है। कुछ लोग ऐसा सोचते है कि पिताजी अच्छी नौकरी करते है तो मैं छोटा काम नहीं कर सकता। पहले आप काम करना सीखिए बाद में उसे बड़ा करना सीखिए। अगर आप छोटा क़ाम नहीं करूंगा बोल के रह गए तो आप अपना समय बर्बाद कर रहे है। समय किसी का इंतज़ार नहीं करता। भारत के पूर्व राष्ट्रपति डॉ ए. पी. जे. अब्दुल कलाम भी पहले पत्रिका बेचते

थे जो बाद में वैज्ञानिक बने। भारत के प्रधानमंत्री श्री नरेन्द्र मोदी भी पहले चाय बेचते थे, धीरुभाई अम्बानी भी पहले पेट्रोल पंप पर नौकरी करते थे, अभिनेता अक्षय कुमार भी पहले होटल में नौकरी करते थे। ऐसे लाखो उदहारण है इस दुनिया में इसलिए बस काम को काम ही समझना चाहिए। उसकी पूजा करनी चाहिए। जिस काम से आपको पैसा मिलता है उसकी इज्ज़त करनी चाहिए।

दो इंजिनियर दोस्त एक अच्छी कंपनी में नौकरी करते थे। बहुत दिनों से कुछ अलग करने के बारे में सोच रहे थे, खुद का बिजनेस करना चाहते थे। और एक दिन ऐसा आया दोनों ने तय कर लिया और नौकरी छोड़ दी। उनके घरवाले परेशान हो गए। उनके माँ- बाप सोच रहे थे क्या होगा इनका, इनती अच्छी-खासी नौकरी छोड़ दी। अब क्या करेंगे? बाद में पता चला की वो दोनों चाय की दुकान खोलना चाहते है। उनके माता- पिता आग बबूला हो गए। लाखो रूपया खर्चा किया पढ़ने के लिए और अब चाय बेचने लगे। दोनों ने चाय की दुकान लगाई और होम डिलीवरी करने लगे। यह एक अनोखी तकनीक थी चाय बेचने की। कुछ महीनो के बाद काम अच्छा चलने लगा और दोनों ने एक और शहर में एक और दुकान खोल दी। ऐसा करते करते अब उनकी दस दुकान हो गई है और बहुत अच्छी तरह से इनकम भी होने लगी है। अब तो वो लोग अपना ब्रांच भी देने लगे है।

काम कोई भी हो बस उसको करने का नज़रियाँ अलग होना चाहिए। स्मार्ट वर्क जिसे कहते है। अगर आप स्मार्ट वर्क करते है तो आपका छोटा सा काम भी बहुत बड़ा बन सकता है।

एक गाँव में एक गरीब घर की छोटी सी लड़की रहती थी जिसे तरबूज बहुत पसंद था। एक दिन उसने अपने पिताजी से तरबूज खरीदने के लिए पैसे मांगे । पिताजी के पास पैसे कम थे पर लड़की ना मानी और जिद करने लगी। उसके पिताजी ने उसको तसल्ली देने के लिए अपने पॉकेट से 10 रुपये दिए और वो छोटी सी बच्ची इसी में खुश हो कर तरबूज खरीदने के लिए तरबूज वाले के पास गयी। तरबूज वाला अपने खुद के खेत पर तरबूज उगाता था और बेचता था। दुकान पर बहुत सारे तरबूज थे। लड़की दूकानदार से पूछने लगी "चाचा यह बड़ा सा तरबूज कितने का है? 100 रुपये का बेटी। थोड़े छोटे से तरबूज की तरफ इशारा कर के फिर पूछने लगी "यह कितने का है चाचा?" 60 रुपये। ऐसा करते- करते सभी की कीमत पूछ ली लेकिन कोई 50 रुपये से कम का तरबूज नहीं मिला। अब वो लड़की सोच में पड़ गयी। उसके पास तो सिर्फ 10 रुपये है। उसने थोड़ा सा सोचा और दूकान से बहार निकल कर तरबूज के खेतो पर देखने लगी। एक छोटा सा तरबूज खेत पर लगा हुआ था। फिर उसने दुकानदार को बुलाया "चाचा वो छोटा वाला तरबूज कितने का है"? दुकानदार समझ गया उसके पास 10 रुपये है। उसे बुरा लगा और वो छोटा सा तरबूज उस लड़की को देने के लिए बोला "बेटी यह 10 रूपये में मिल जायेगा"। बच्ची बहुत खुश हो गई और उसने 10 रूपये का नोट उस दूकानदार को दिया और बोली "चाचा यह तरबूज मेरा हुआ इसे में एक महीने बाद ले जाउंगी"। दूकानदार हेरान रह गया! छोटी सी बच्ची की समझ को देखकर वो मुस्कुराने लगा।

इन दोनों कहानी में आपको थोडा बहुत स्मार्ट वर्क के बारे में समझ आ गया होगा। आपको भी इसी तरह स्मार्ट वर्क करना है। काम कोई भी हो आप बस अपना दिमाग लगाइए। पहले

वाली कहानी में आपको मैंने यह समझाना चाहा कि, छोटे से छोटे काम को भी innovation और power of duplication की मदद से बड़ा बनाया जा सकता है। और दूसरी कहानी में आपको यह समझाना चाहा, कि कुछ ऐसा काम करो की आज करते हो तो बाद में आपको बहुत ज्यादा फल मिले। काम कीजिये और अपना दिमाग लगाइए। एक दिन आप भी अमीर बन जायेंगे। आप जरुर सफल बन जायेंगे।

“कर्म से अपनी पहचान बनाओ”

कृतज्ञता

आपने इस किताब की पहले ही पंक्ति में कृतज्ञता शब्द देखा होगा। ऊपर बताये हुए सभी काम करने के बावजूद आप सफल नहीं हो पाएंगे, अगर आपके पास कृतज्ञता नहीं हो तो। कृतज्ञता एक ऐसी चीज़ है जो आपको सफलता के मार्ग पर बिना किसी रोक टोक के ले जाती है। इंसान हमेशा एक गलती करता है जिससे की वो अमीर नहीं बन पाता। जिसने उसके ऊपर अहसान किया है वो उसको भूल जाता है। यह बहुत बड़ी गलती है। आपको जो ख़ुशी, दौलोत, मदद मिली उसे अगर आप भूल जाते है तो आप आगे नहीं बढ़ पाएंगे और आगे आपको मिलेगी भी नहीं और आप जहाँ है वही रह जायेंगे।

कृतज्ञ बने, हमेशा भगवान् को यह जीवन देने के लिए धन्यवाद करे। जिसने आपकी मदद की उसको, जो आपको कमा के दे रहा है उसको, जो आपको तनख्वाह दे रहा है उसको, जो आपको काम दे रहा है उसको, जो आपको ख़ुशी दे रहा है उसको, जो आपको प्यार दे रहा है उसको, जो आपको ज्ञान दे रहा है उसको, जो आपको खाना दे रहा है उसको, जो आपसे सामान खरीद रहा है उसको। आपका और आपके परिवार के पेट तक खाना पहुचाने के लिए जिसने महनत की है उनको। पृथ्वी, चन्द्र, सूरज, हवा, पानी, आग और प्रकृति सभी का

आप धन्यवाद कीजिये। यह तो मैंने बोला है की आपके जीवन में ऐसे बहुत सारी लिस्ट होंगी जिनको आप एक कागज पर लिख डालिए और अपने दिवार पर लगा दीजिये। हर दिन एक एक बार उसे देखियह और धन्यबाद दीजिये। दिवार पर

लगाने का यह मतलब है की आप कभी अपने व्यस्त जीवन में उनको भूल न जाये। किसी नोट बुक पर लिख लेंगे तो हर दिन आप उस नोट बुक को निकालेंगे पर उसे देखना भूल जायेंगे। आलस्ता के कारण आपको याद रहेगा फिर भी निकाल नहीं पाएंगे और आपके जीवन में वो लिस्ट इतनी ज्यादा लम्बी है की आप उसे याद रख भी नहीं पाएंगे। एक बार कलम से लिखना तो शुरू कर दीजिये। इस लिस्ट को लिखने में आपको कम से कम एक हफ्ता लगना चाहिए। आराम से और ध्यान से सोच के लिखिए और हर दिन और कोई चीज़ याद आये तो उस लिस्ट में जोड़ते जाईये।

जब आपके अन्दर कृतज्ञता आ जाती है तब आप विनर्म हो जाते है, अच्छे स्वभाव के बन जाते है। किसी से भी बुरा बरताव नहीं करते। वो बोलते है ना "सुन्दर और शुशील"आप ऐसे ही बन जायेंगे। अच्छाई हमेशा अच्छाई को खीचने लगती है। आप अच्छा सोचने लग जाते है, तो आपके जीवन में अच्छा होने लगता है। आप दुसरो को धन्यवाद देने लग जाते है तो दुसरो के जीवन में अच्छा वक़्त शुरू हो जाता है। फिर वो भी आपको धन्यवाद देना शुरू कर देंगे और आपके जीवन में भी अच्छा वक़्त आने लग जाएगा। कृतज्ञता से धन, संपत्ति, ख़ुशी, मन की शांति और सेवा का भाव तो आता ही है साथ में बीमारियों से भी छुटकारा मिलता है। कृतज्ञता से बीमारियाँ भी दूर भागती है। बीमारी यानी बुरा वक़्त, वो आप से हमेशा दूर रहता है। ऐसा बहुत सारे लोग बोलते है, जिन्होंने इसे अपने जीवन में इस्तमाल किया है। कृतज्ञ बनिए और अमीर बन जाइये। आपको सब कुछ मिलेगा आप सफल बनेंगे।

एक गांव में बाबू लाल नाम का एक किसान रहता था। उसके पास एक दूध देने वाली गाय थी और एक एकड़ ज़मीन थी जहाँ वो खेती करता था। खेत के चावल को वो लोग खाते थे और दूध को बेचकर अपने परिवार को चला रहा था। बाबू लाल हमेशा खुश रहता था और हमेशा, जो मिलता उस से ख़ुशी- ख़ुशी अपने परिवार को चलाता था। बाबू लाल अपने पास जो है उसके लिए हमेशा भगवान् को धन्यवाद देता था। बाबू लाल अपनी गाय धन्नो से बहुत ज्यादा प्यार करता था।

उसी गांव में दो और किसान थे जिनके पास तीन- चार गाय थी और काफी जमीन थी। वो दोनों उसके दोस्त थे। लेकिन दोनों ही बाबू लाल से जलते थे, क्यूंकि बाबू लाल हमेशा खुश रहता था। वो लोग सोचते थे की इतनी कम जमीन और इतनी काम कमाई होने के बावजूत वो इतना ज्यादा खुश कैसे रहता था। हमारे पास इतनी जमीन और दूध देने वाली गाय है फिर भी हमारे जीवन में इतनी ख़ुशी नहीं है लेकिन यह इतना खुश कैसे रहता है। वह बाबू लाल को हमेशा तकलीफ देने की कौशिश करते रहते थे।

दोनों हमेशा बाबू लाल को गाय बेचने के लिए बोलते और कही और जाकर नौकरी करने के लिए बोलते। पर बाबू लाल उनकी बात नहीं मानता और बोलता की मेरे पास जो है उस से में अपने परिवार को अच्छी तरह से चला पता हूँ इसलिए मुझे कही जाने की जरुरत नहीं है।

एक दिन दोनों दोस्तों ने ठान लिया कि बाबू लाल से उसकी दूध दने वाली गाय को बिकवाना ही है। रात के समय बाबू लाल के खेत पर दोनों गए और खेत को आग लगा डाली।

गांव वाले आग देखते ही बाबू लाल को बुलाकर ले गए और देखते ही देखते पूरा खेत आग कीं चपेट में आ गया। बाबू लाल बहुत रोया और दुखी रहने लगा। उसके दोनों दोस्त बाबू लाल को उनको 2000 रूपये में गाय बेचने के लिए बोले। पर बाबू लाल नहीं माना क्यूंकि वो धन्नो से बहुत ज्यादा प्यार करता था।

देखते ही देखते घर का राशन ख़तम हो गया। उसके पास अब घर में खाने के लिए सामान नहीं था। उसकी पत्नी ने उसे गाय को बाजार में बेचने की सलाह दी जिस से कुछ ज्यादा पैसे मिल जायेंगे और बाबू लाल मान गया।

अगले दिन सुबह बाबू लाल अपनी धन्नो को लेकर बाजार के लिए रवाना हो गया। गांव से बाजार जाने में एक दिन का समय लगता था। बाबू लाल ने रस्ते में खर्च करने के लिए कुछ सिक्के लिए जो एक पोटली में बांध कर धन्नो के गले में बांध दिए।

शाम होने को आई बाबू लाल को भूख लग रही थी। बाजार पहुंचने से पहले एक होटल के सामने उसने धन्नो को बांध दिया और खाना खाने के लिए होटल के अंदर चला गया। कुछ ही समय बाद होटल का मालिक आ रहा था। उसने देखा की उसके होटल के सामने एक गाय बंधी हुई है और अचानक गौर से देखा तो उसके गले से सिक्के गिर रहे थे। होटल का मालिक चौक गया। सोचने लगा यह तो चमत्कारी गाय है, जो अपने गले से सिक्के गिरती है। यह अगर मुझे मिल जाये तो में अमीर बन जाऊंगा।

होटल के अंदर जाते ही पूछने लगा "यह गाय किसकी है"? बाबू लाल दौड़ के आया और बोला मालिक यह मेरी गाय है। मालिक पूछने लगा इसे कहा ले जा रहे हो। बाबू लाल बोला "मालिक इसे बाजार में बेचने के लिए ले जा रहा हूँ"।

होटल का मालिक यह सुनते ही बहुत खुश हुआ। वो सोचने लगा की इसे पता नहीं है की यह एक चमत्कारी गए है जो गले से सिक्के गिरती है और बोले की "तुम्हे इसे बाजार में ले जाने की ज़रूरत नहीं है मैं तुम्हारी गाय को खरीदना चाहता हूँ और इसके लिए तुम्हे बीस हजार रुपये दूंगा"।

बाबू लाल चौक गया कुछ समय चुप रहा और फिर होटल का मालिक बोला अगर कम लग रहे है तो मैं तुम्हे पच्चीस हजार रुपये दूंगा। बाबू लाल ने मन ही मन सोचा की शायद यही भगवान् की मर्जी है और वो मान गया।

लौटते समय बाबू लाल उन पैसो से दो और गाय खरीद कर ले आया और उसके साथ कुछ मुर्गियां भी। बचे हुए पैसो से घर का राशन ले आया और अपने खेत को फिर से जोत लिया। बाबू लाल की पत्नी इस बात को सुनकर बहुत खुश हुई। बाबू लाल इसके लिए भगवान् को धन्यवाद देने लगा।

गाँव के दोनों किसान फिर से चौक गए। वो सोचने लगे की खेत जलने से तो यह पहले से भी ज्यादा अमीर बन गया और ज्यादा खुश रहने लगा। वो दोनों सोच में रह गए।

दोस्तों कृतज्ञ होने से आप और ज्यादा खुश रह सकते है। आपने देखा की बाबू लाल इस कृतज्ञता से कैसे अमीर बना। आपको भी आपके जीवन में जो है उसके लिए कृतज्ञ होना है।

हमेशा भगवान् को धन्यवाद देना है और जो खा- पी रहे है उसके लिए भी।

कृतज्ञ आदमी ही हमेशा खुश रह सकता है और अमीर बन सकता है। अगर आप कृतज्ञ है और आपके जीवन में कुछ बुरा हो रहा है तो समझिये की इससे भी अच्छा कुछ आपके जीवन में होने वाला है। इसलिए हमेशा कृतज्ञ रहे।

दुनिया के जितने भी सारे लोग अमीर और सफल बने है उन सब में यह गुण है इसलिए आप भी इसे अपनाइए और अमीर व सफल बने।

“आपकी एक मुस्कान किसी को
ख़ुशी दे सकती है”

दान

दान पुण्य का काम होता है। सभी जानते है पर कितने लोग करते है? क्या आप दान करते है? आचार्य चाणक्य ने कहा था **"दान से इंसान का बुरा समय टल जाता है"**। यह बिलकुल सच है। आपने बहुत सारे लोगो के बारे में सुना होगा दान करते हुए। कुछ लोग भगवान को चढ़ावे के रूप में दान करते है। कुछ लोग गरीब, बेसहारा लोगो को दान करते है। आपको भी दान करना चाहिए। अगर आप अपना बुरा वक़्त ठीक करना चाहते है तो दान कीजिये। अपनी कमाई का एक हिस्सा हर महीने गरीब और बेसहारा लोगो को दान में दीजिये। चाहे आप कम कमाते है फिर भी उसका एक हिस्सा दान के लिए इस्तमाल करे। भारत के पूर्व राष्ट्रपति डॉ. ए.पि.जे. अब्दुल कलाम ने अपनी सारी कमाई दान में डे दी थी। प्रधान मंत्री नरेन्द्र मोदी हर महीने अपनी तनख्वाह गरीब बच्चियों के लिए दान कर देते है। फेसबुक के मालिक मार्क जुकरबर्ग ने अपनी संपत्ति का 99 प्रतिशत दान कर दिया था। बड़ी- बड़ी कंपनियों के मालिक हर साल अपनी कमाई का एक हिस्सा दान कर देते है। ऐसे बहुत सारे उदाहरण है। आप कभी कभी यह सोचते होंगे की वो सब पागल हो गए है इसलिए ऐसा कर रहे है। वो सब पागल नहीं है। वो सब जानते है की अमीर बनने के लिए बुरे वक्त को ख़तम करना जरुरी होता है। अब ऐसे कैसे दान करें की बुरा वक़्त ख़तम हो जाए? जब आप किसी को दान करते है तब वो व्यक्ति आपके लिए भगवान से प्रार्थना करने लगता है की आप सही सलामत रहे और सुखी रहे। बस यह हज़ारो लोगो की दुआ ही आपको मुसीबतों से दूर रखता है। इसका मतलब यह नहीं की

आपके जीवन में बाधाएं नहीं आयेंगी। बाधाएं आयेंगी लेकिन आप उस बाधा को पार कर जायेंगे। किसी ने सच ही कहा था **"भगवान आपकी नाव पर बैठे है इसका मतलब यह नहीं की तूफान नहीं आएगा, इसका मतलब यह है कि तूफान आएगा लेकिन आपकी नाव को डूबा नहीं पाएगा"।**

बाधाएं आपके जीवन पर आ रही है इसका मतलब यह है कि भगवान आपको और भी मजबूत बना रहा है। आप अगर बाधाओ से जुझ रहे है तो आप और ज्यादा मजबूत बन रहे है। अपने आपको और ज्यादा मजबूत बनाइये और आगे बढ़ते रहिये। कभी यह मत सोचना की आप दान नहीं कर पाएंगे क्यूंकि आपके पास पर्याप्त पैसा नहीं है। आप बस सोचिये की आप कैसे दान कर सकते है आपको पैसा मिलना भी शुरू हो जायेगा।

कहते है "पानी" और "खाना" यह दो चीज़े दान करने से पुण्य मिलता है। में यह मानता हूँ की आप कुछ भी दान कीजिये बस मन से और ख़ुशी से दान करने से ही पुण्य मिलता है। आप किसी को दान कर रहे है इसका मतलब वो इंसान खुश हो रहा है और उसके अन्दर बसा भगवान भी खुश हो रहा है। दान करते वक़्त कभी स्वार्थ मत देखिये। यह मत देखिये की दान कर रहे है तो आपको आशीर्वाद मिलेगा। इस इच्छा से अगर आप दान करते है तो आपका दान विफल हो जायेगा। हमेशा निस्वार्थ दान करना चाहिए। दान में सेवा भी जुड़ी होती है। निस्वार्थ सेवा करना भी दान करने के समान होता है। किसी गरीब और दुखियारे की निस्वार्थ सेवा करना भी दान की तरह पुण्य का काम होता है। इसका मतलब यह नहीं की आप अपना काम-धंधा छोड़कर सेवा में लग जाओ। पहले काम करो और उस काम

के बिच में एक समय निकालकर सेवा करनी है। वो महीने में एक बार भी हो सकता है, या फिर हफ्ते में एक बार, या साल में एक बार।

दान का महत्व समझने के लिए मैं आपको एक किताब पढ़ने की सलाह दूंगा **"दुनिया का महान सेल्समेन"** जिसको अग मेनडिनो ने लिखा है। यह किताब आप जरुर पढ़िएगा तब आप दान के महत्व को और भी अच्छी तरह से समझ पाएंगे।

"दुनिया में हर इंसान एक
अभिनेता होता है"

कुछ ज्यादा करने की क्षमता

इंसान काफी समय सोचता है कि वो क्यों इतनी कम इनकम कर रहा है। यह आप भी हमेशा सोचते होंगे। लेकिन आज आपको बहुत कुछ जानने को मिलेगा। अगर आप हमेशा ऐसा सोच रहे है कि आपके पास बहुत सारे गुण और काबिलियत है और आप जो कमा रहे है वो उस हिसाब से बहुत कम है तो मैं आपको बता दूँ कि आप गलत फ़हमी में जी रहे है। इंसान हमेशा वही कमाता है जितना उसका ज्ञान और काबिलियत है। प्रकृति कभी गलत नहीं हो सकती क्यूंकि आम के पेड़ में आम ही उगेंगे अंगूर नहीं। अगर आप चाहते है की आपकी कमाई और ज्यादा बढ़े तो आपको अपने दिमाग को और ज्यादा खिलाना होगा। जितना आप सीखेंगे उतना ज्यादा आप कमा पाएंगे। आप यह मान लीजिये की आपकी जो इनकम है वह आपकी कुछ खामियों की वजह से कम हो रही है। अगर आप अपने आप पर काम करना शुरू कर देंगे तो आपकी इनकम अपने आप बढ़ने लगेगी। आप थोड़ा ध्यान से बैठिये और सोचिये की आप में क्या खामियां है जिसे आपको बदलने की जरुरत है। ढूँढिये और उस पर काम करना शुरू कर दीजिये। शुरू- शुरू में आपको शयद आपके मुताबिक फल न मिले। लेकिन आपको हिम्मत नहीं हारनी है और अपने विश्वास को अटूट बनाके रखना है और आगे बढ़ना है। क्यूंकि फल एक दिन या एक महीने में नहीं पका करते कुछ- कुछ फल दो साल में पकते है, कुछ-कुछ एक साल में और कुछ तो पाच साल में पका करते है। तो इसलिए थोड़ा सा धेर्य रखे और अपने आपको काबिल बनाने मे लग जाइये आपको फल अवश्य मिलेगा।

सफलता आपको एक दिन में तो नहीं मिलने वाली है। लेकिन हाँ अगर आप लगातार अपने काम को हर रोज़ करते है और हर रोज़ थोड़ा ज्यादा करते है तो आप ज़रूर कामयाब बन जायेंगे। इसका मतलब मैं नौकरी की बात नहीं कर रहा हूँ। क्यूंकि नौकरी आपको सिर्फ तनख्वाह देती है और कभी- कभी आप काम की वजह से कुछ और भी ज्यादा कमा सकते है। लेकिन हाँ यह भी सच है कि नौकरी करने वालो पर भी यह बात लाघु होती है की जो व्यक्ति अपने काम को यानी नौकरी को थोड़ा ज्यादा करता है और अपनी काबिलियत दिखाता है उसको जल्दी ही तरक्की मिलती है।

आप जो काम या व्यव्स्साए कर रहे है उस से आप जो कमा रहे है उस से अगर थोड़ा ज्यादा कमाने की सोच रहे है तो आपको थोड़ा ज्यादा काम करना पड़ेगा। अगर बहुत ज्यादा धन कमाना चाहते है तो आपको बहुत ज्यादा काम करना पड़ेगा।

आप हर दिन जो काम करते है उस से थोड़ा ज्यादा काम करने की आदत डालिए। हर दिन आपको थोढ़ा ज्यादा काम करना है। आज काम जब ख़तम हो जाये तब आप बोलिए "और थोड़ा करना है"। फिर कल जब आप काम कर लें, फिर से बोलिए "और थोड़ा सा करना है"। यह आदत आपको बेझिझक कामियाबी की तरफ ले जाएगी। काम जब ख़तम हो जायेगा तब आपका दिमाग बोलेगा बस बहुत कर लिया, लेकिन तब आपको अपनी बुद्धि का इस्तमाल करना है और बोलना है थोड़ा और करते है। बस यह आदत अपने अन्दर वीकसित कर लीजिए। कामयाब लोगों के पास यही आदत होती है। वो काम ख़तम होने के बाद भी काम करते रहते है। जितना ज्यादा और

थोड़ा करने की इच्छा रखेंगे उतनी जल्दी कामयाबी आपके पीछे दौड़ती चली आएगी।

आपको अपने दिमाग को यह करने के लिए तैयार करना होगा। यह एक दिन में नहीं होगा। अगर आपने सोचा की आज सबसे ज्यादा काम करूँगा और दिन- रात लगे रहे तो आप बीमार पड़ जायेंगे और आपका शारीर और दिमाग अगले दिन से आपको जवाब देने लग जायेंगा इसलिए इस काम को आप थोड़ा- थोड़ा रोज़ करना शुरू कर दीजिये फिर देखिएगा। यह एक आदत बन जाएगी और आप युही इसे करने लग जायेंगे और यह आदत आपको कामयाबी की तरफ ले जाएगी और आप एक दिन सफल बन जायेंगे, आप ज़रूर कामयाब बन जायेंगे।

“सबसे बड़ा रोग क्या कहेंगे लोग”

संदीप महेश्वरी

जो चाहो वो पाओ

अजय हर रोज सुबह अपने काम पर जाता था। वो जिस रस्ते से गुजरता था उस रस्ते पर एक तालाब था। उस तालाब के पुल पर हर रोज एक साधू बैठता था और जोर- जोर से चिल्लाता था **"जो चाहो वो पाओ जो चाहो वो पाओ"**। रस्ते पर चलने वाले लोग उस साधू को पागल समझते थे और कोई उस साधू के पास नहीं जाता था। एक दिन अजय ने सोचा चलो आज समय भी है उस साधू से पूछ ही लेते है की वो जो कह रहा है क्या वह सच है? अजय उस साधू के पास गया और पूछने लगा "बाबा आप हर रोज यहाँ आके क्यों चिल्लाते है? आप जो बोल रहे है क्या वह सच है? "जो चाहो वो पाओ"। तब साधू ने बोला हाँ, यह बिलकुल सच है। इंसान जो चाहेगा वह पा सकता है। अजय थोड़ा सा सोचने लगा "यह साधू शायद सच में पागल है"। फिर वो पूछने लगा क्या मैं भी जो चाहूँगा वह पा सकूंगा? साधू बोला "हाँ, बिलकुल पा सकोगे। मेरे पास दो अनमोल चीज़ है एक हीरा और एक मोती उसे अगर तुम्हे दे दूँ तो तुम जो चाहोगे वह पा सकोगे"। अजय के मन में अब कुछ- कुछ होने लगा वो उस हीरे और मोती को पाना चाहता था। फिर साधू से पूछने लगा "बाबा क्या वह हीरा और मोती आप मुझे दे सकोगे? साधू बोला अगर तुम इसे सही इस्तमाल करने का वादा करते हो तो में तुम्हे दे दूंगा"। तब अजय उत्साह के साथ बोला, बाबा में आपके हीरे और मोती का सही इस्तमाल करने का वादा करता हूँ। साधू बोला ठीक है तो अब तुम अपने दोनों हाथ आगे करो मैं तुम्हे वह देने वाला हूँ। अजय ने अपने दोनों हाथ साधू के सामने फैलाए। साधू बाबा ने उसके पहले हाथ में

अपना हाथ रखा और बोले "यह लो आज मैं दुनिया का सबसे अनमोल हिरा तुम्हे सौप रहा हूँ"। अजय ने अपना हाथ देखा वहा कुछ भी नहीं था, तो वह बोला बाबा यहाँ तो कुछ भी नहीं है। तब साधू बाबा बोले, मैंने तुम्हे जो हीरा दिया है वह देखा नहीं जाता। वह है "समय"। समय ही दुनिया का सबसे मुल्यावां वास्तु है जिसे तुम कभी यू ही नहीं गवाना। हमेशा काम करते रहना। समय का हमेशा सही इस्तमाल करना सही ढंग से तब तुम जो चाहोगे वह पा सकोगे। इस मूल्यवान वास्तु का इस्तमाल जिसने सही ढंग से किया है वही सफल बना है। तुम भी इसका सही इस्तमाल करके सफल बन सकते हो। अब दूसरा हाथ लाओ साधू बाबा बोले। अजय के दुसरे हाथ में अपना हाथ रखा और बोले यह है दुनिया का दूसरा अनमोल "मोती", जो में तुम्हे दे रहा हूँ और वह है "धैर्य"। अजय फिर पूछने लगा बाबा यह धैर्य कैसे मूल्यवान मोती है? तब बाबा बोले "धैर्य ही अनमोल मोती है"। जिसमे धैर्य है वही सफल बना है। जीवन में काम करते समय फल जब ना मिले तब धैर्य रखना है और काम करते जाना है। फल तुम्हे एक न एक दिन जरुर मिलेगा। अगर तुम फल मिलते समय देर होने के कारण काम छोड़ दोगे तो तुम्हे कभी फल नहीं मिलेगा। कभी- कभी फल मिलने में समय लगता है। जो इसे समझ पाया उसे फल अवश्य मिला और जो इसे समझ नहीं पाया उसे फल कभी नहीं मिला। जीवन की हर कठिनाइयों पर तुम्हे "धैर्य" रखना है और आगे बढ़ते रहना है। तब तुम सफल आदमी बन जाओगे और तुम जो चाहोगे पा सकोगे।

अजय को बात समझ आ गयी। उसने बाबाजी को प्रणाम किया और धन्यवाद करते हुए कहा बाबा आपने मुझे आज जो ज्ञान दिया वो मेरे जीवन की सबसे मुल्यावान चीज़ है। में आज

समझ्ञ पाया की में इतने दिन क्यों अमीर नहीं बन पाया, आपने मेरी आँखे खोल दी, आपका बहुत- बहुत धन्यवाद।

उसी दीन से अजय महनत से काम करने लगा। समय का सही इस्तमाल करने लगा और "धैर्य" रखने लगा और आगे बढ़ता गया। देखते ही देखते कुछ साल बाद अजय अमीर आदमी बन गया।

दोस्तों आपको भी यह दो अनमोल "हीरे और मोती" यानि "समय और धैर्य" का सही ढंग से इस्तमाल करना है और आगे बढ़ते रहना है। याद रखिये जीवन में कठिनाइया आयेंगी, लेकिन आपको धैर्य रखना है। झट से हार नहीं मान लेनी है। काम कर रहे है तो फल अवश्य मिलेगा। आप जरुर अमीर और सफल आदमी बन जायेंगे। आप कामयाब बन जायेंगे।

"मांग कर जीने वाले हमेशा गरीब सोच वाले होते है"

ईगल बने

ईगल की उम्र 70 साल होती है। लेकिन उसके जीवन में एक समय ऐसा आता है कि उसे अपने जीवन का सबसे मुश्किल फैसला लेना पड़ता है। 40 साल होते ही उसके पंख इतने भारी हो जाते है की वो उड़ नहीं सकता। उसकी चोंच इतनी टेढ़ी हो जाती है कि उस चोंच से वो कुछ भी खा नहीं सकता। साथ ही उसके नाख़ून भी टेढ़े हो जाते है और उस नाख़ून से वो कुछ भी पकड़ नहीं पाता। अब उसके सामने उसको मौत ही नज़र आती है। उस समय उसे अपने जीवन का सबसे मुश्किल और खतरनाक फैसला लेना पड़ता है। उसे या तो मरना है या तो बचने के लिए संघर्ष करना है। तब वो बचने के लिए संघर्ष करने का फैसला करता है। यह बहुत मुश्किल फैसला है। इसके लिए उसे बहुत दर्द सहना पड़ता है। तब वो पहाड़ की चोटी पर चला जाता है और सबसे पहले अपनी चोंच को पत्थर पर मारकर तोड़ देता है। तब उसे बहुत दर्द होता है और बहुत सारा खून भी बहने लगता है। वो उस दर्द को सहन कर लेता है। फिर वो अपने नाख़ून को पत्थर पर रगड़- रगड़ कर उसे भी तोड़ देता है और अब भी उसे बहुत दर्द होता है और खून भी बहने लगता है। तब वो अपनी चोंच और नाख़ून के दुबारा निकलने तक चुप चाप अपने घोसले पर बैठा इन्तेजार करता है। फिर जब उसकी चोंच और नाख़ून लम्बे हो जाते है तो वो फिर से अपने भारी पंखो को खीचकर निकाल देता है। तब भी उसे बहुत दर्द होता है और खून भी बहता है। फिर से वो कुछ महीनो तक रुकता है और इन्तेजार करता है अपने पंख दुबारा निकलने तक। तक़रीबन यह मुश्किल सफ़र तय करने के लिए उसे 5 से 6

महीने लगते है और उन दिनों वो काफी समय भूखा भी रहता है। फिर जब वो पूरी तरह से ठीक हो जाता है तब वो फिर से उड़ने लगता है और पहले जैसे शिकार भी करने लगता है। और बाकी की जिन्दगी वो फिर से पहले की तरह जीने लगता है।

हमारी जिन्दगी भी कुछ इस तरह की ही होती है। आपको भी ईगल की तरह ही बनना है। जब आपको लगे कि आपके जीवन में ऐसा ही मुश्किल दौर आ गया है की आप आगे बढ़ नहीं पा रहे है। तब आपको तपस्या करनी पड़ेगी। तपस्या का मतलब है कि आपको सिखने के लिए थोड़ा सा रुकना पड़ेगा। जी हाँ, आपको अपने आप को तैयार करना पड़ेगा। अपने आप को तैयार करने के लिए आप जो काम कर रहे है उसको सिखने के लिए समय बिताना होगा। अपने आपको आगे बढ़ाने के लिए आपके दिमाग को और भी अच्छी तरह से तेज़ करना पड़ेगा। कुछ समय शांत हो कर आप सिखने के काम पर लग जाइए। जितना ज्यादा सीखेंगे उतना ज्यादा आगे बढ़ पाएंगे। तब शायद कुछ परेशानियों का भी सामना करना पड़ सकता है। आपको धैर्य के साथ वो काम करना है। देखते ही देखते आप अच्छी तरह से सीख जायेंगे और ईगल की तरह फिर से उड़ने लगेंगे और अच्छी तरह शिकार कर पाएंगे। आप सफल और कामयाब बन पाएंगे।

"उठो, जागो, जब तक तुम सफल न हो

तब तक रुकना नहीं, थकना नहीं"

स्वामी विवेकानन्द

भगवान मुझे बचाएगा

एक पुजारी था। जो गाँव के एक मंदिर में पूजा करता था। वो भगवान पर बहुत विश्वास करता था। श्रध्दा से हर दिन भगवान की पूजा करता था। गाव के लोग भी उसे बहुत मानते थे। एक दिन रेडिओ में एक खबर आई किमौसम बहुत ख़राब होने वाला है और गाँव में बाढ़ आने वाली है। सबको सुरक्षित स्थान पर जाने के लिए बोला गया। गाँव के सभी लोग सुरक्षित जगह पर जाने लगे। कुछ गाँव वाले पुजारी के पास आये और पुजारी को भी साथ जाने के लिए बोले। तब पुजारी नहीं माना और बोला कि "तुम लोग चले जाओ मेरा भगवान मेरी रक्षा करेगा"। गाँव में बारिश होने लगी और पानी बढ़ने लगा। कुछ गाँव वाले तब बचे हुए थे और नाव लेकर सामान ले जा रहे थे। सब ने पुजारी को बोला पुजारी जी आप हमारे साथ चलिए आपकी जान बच जाएगी। तब पुजारी बोला "मुर्ख इंसान मेरे साथ भगवान है मुझे कुछ नहीं होगा में बच जाऊंगा तुम सब चले जाओ"। सब लोग यह सुन कर चले गए। कुछ समय बाद पानी और ज्यादा बढ़ने लगा और मंदिर के अन्दर आने लगा। पुजारी भगवान को याद करते- करते मंदिर की छत पर चढ़ गया और वहा भी भगवान को याद करने लगा और भगवान से बोलने लगा "प्रभु मुझे पता है आप मुझे बचा लेंगे"। देखते ही देखते पानी और भी बढ़ने लगा। छत के ऊपर से एक हेलीकप्टर आया और पुजारी को बुलाने लगा। पुजारी जी हम सीडी गिरा रहे है आप जल्दी से चढ़ जाओ, आपकी जान बच जाएगी। पुजारी तब फिर से बोला तुम लोग चले जाओ भगवान मेरे साथ है मुझे कुछ नहीं होगा, भगवान मुझे बचा लेंगे। तब हेलीकाप्टर

भी चला गया। देखते ही देखते पानी छत के ऊपर चढ़ गया और पुजारी पानी में तैरने लगा। और जोर- जोर से चिल्लाने लगा "प्रभु मुझे बचाओ", "प्रभु मुझे बचाओ", "प्रभु मुझे बचाओ"। लेकिन भगवान उसको बचने नहीं आये और वो पानी में डूबकर मर गया।

मरने के बाद जब स्वर्ग पर चला गया तब भगवान के पास पंहुचा और भगवान से झगडा करने लगा, "में आपका इतना बड़ा भक्त हूँ, कभी झूठ नहीं बोला, हमेशा आपकी सेवा करता रहा, हमेशा आपके ऊपर विश्वास करता रहा, लेकिन आपने मुझे नहीं बचाया। तब भगवान मुस्कुराए और बोले "नहीं मैंने तुम्हे बचाने की बहुत कौशिश की लेकिन तुम नहीं माने"। पुजारी और भी ज्यादा गुस्से में बोलने लगा "क्या में अँधा था आपको नहीं देख सका, कहाँ आया थे आप? भगवान हो कोर झूठ मत बोलो"। भगवान तब फिर से मुस्कुराए और फिर बोले "याद करो उन गाँव वालो को जो तुम्हे बाड़ से पहले लेने आया थे, उनको मैंने ही भेजा था। फिर जो लोग नाव लेकर आया थे उनको भी मैंने ही भेजा था। फिर अंत में हेलीकाप्टर में जो आदमी तुम्हे बुला रहा था वो स्वयं मैं था, लेकिन तुम मुझे पहचान नहीं पाए। भगवान बोलते रहे "जरुरी नहीं कि मैं सिर्फ चक्र, गदा, त्रिशूल, कमल के साथ ही आऊं, मैं किसी भी रूप में आ सकता हूँ। तुम्हारे पास मुझे पहचानने की इतनी भी बुद्धि नहीं थी।

पुजारी को अपनी भूल का अहसास हुआ और वो भगवान से माफ़ी मांगने लगा।

इंसान भी कुछ इस पुजारी की तरह ही होते है। भगवान के ऊपर भरोसा इतना ज्यादा करते है कि खुद कुछ नहीं करते।

जीवन में भगवान इतने सारे अवसर देते है की बुद्धि की कमी की वजह से हम उन अवसरो को नहीं देख पाते। आपके जीवन में भी अगर अवसर आ रहा है तो उसे एक बार जरुर परखे। क्या पता वो आपका सुनहरा मौका हो। जीवन में अवसरों की कमी नहीं होती है, लेकिन लोग उसे देख कर भी अनदेखा कर देते है। आप कभी ऐसी गलती नहीं करना। भगवान के ऊपर विश्वास करना अच्छी बात है, लेकिन मुर्खता अच्छी बात नहीं है। किसी ने सच ही कहा है कि **"कभी भगवान के भरोसे नहीं रहना चाहिए क्या पता भगवान आपके भरोसे हो?"**। इस बात को ध्यान में रखिये।

हमारे चारो तरफ बहुत सारे अवसर होते है बस उन्हें पहचानने की जरुरत होती है। अवसरों को पहचानिए और काम पर लग जाइए, आप भी सफल बनेंगे। आप भी अमीर बनेंगे, आप भी कामयाब बनेंगे। धन- दौलत, सुख- समृद्धि और संपत्ति ये सब आपके पास ज़रूर होगी।

"खुद की सहायता करना ही
सबसे बड़ी सहायता होती है"

अवसर खुद निकालिए

रजत एक पढ़ा- लिखा गरीब लड़का था। H.S. की परीक्षा पास करने के बाद पैसो की कमी की वजह से आगे पढ़ नहीं पाया और अपने परिवार की मदद करने के लिए नौकरी की तलाश करने लगा। ज्यादा पढ़ा- लिखा नहीं होने के कारण उसे नौकरी भी नहीं मिलती थी। एक दिन उसे एक कंपनी से interview के लिए बुलावा आया । interview में जो- जो सवाल पूछा गया वो सब उसने अच्छी तरह से बताया। अंत में उसे चुना गया और एक फॉर्म भरने के लिए बोला गया। उस में एक जगह email id लिखने के लिए बोला गया। लेकिन रजत के पास कोई email id नहीं था क्यूंकि गरीब होने के कारण वो कंप्यूटर नहीं सिख पाया था।

रजत को वो नौकरी भी नहीं मिली क्यूंकि उसके पास email id नहीं था। रजत थका- हारा निराश हो कर घर आया और देखा उसके पिताजी बीमार थे। कल से कमाने वाला भी कोई नहीं था। घर कैसे चलेगा? उसकी पॉकेट में सिर्फ 100 रुपये था। बैठते- बैठते सोचने लगा और अचानक वो उठा और बाजार में चला गया। 100 रुपये से बाजार से कुछ टमाटर ख़रीदे और उनको बेचने के लिए घर- घर जाने लगा। एक घंटे में सब कुछ बिक गया और उसे 50 रुपये का मुनाफा हुआ। उसको समझ आया कि इसमें मुनाफा है। और वो फिर से 150 रुपये का टमाटर लाया और कुछ और घरो में बेच दिया। ऐसा उसने दिन में 5 बार किया। शाम को उसने हिसाब लगाया तो उसको 300 रुपये मुनाफा हुआ। उसने अपने घर के लिए 100

रुपये का राशन लिया और बाकि के रुपये दुसरे दिन व्यापार करने के लिए रख दिए। वो हर दिन ऐसा करने लगा और देखते ही देखते वो बहुत बड़ा सब्जी व्यापारी बनने लगा। अब उसके लिए 15 सेल्समैन हर दिन सब्जी बेचने के लिए जाते है।

एक दिन रजत ने सोचा कि उसको एक इन्सुरेंस पालिसी करानी चाहिए। उसने एक इन्सुरेंस एजेंट को बुलाया और वो फॉर्म भरने लगा। इन्सुरेंस एजेंट ने रजत से उसका email id पूछा तब रजत ने बोला की नहीं हैं। तब इन्सुरेंस एजेंट चौक गया और बोला कि इतने बड़े व्यापारी हो कर आपके पास email id नहीं है? अगर आपके पास email id होती तो आप कहा से कहा तक पहुंच जाते आपको पता है? रजत तब हस्ते हुए बोला हाँ पता है "एक कंपनी का सेल्स मेन"।

अवसर बहुत सारे है हमारे चारो तरफ। लेकिन कुछ लोग अपने अहंकार की वजह से बड़ा और छोटा बोल के काम नहीं करते। "कोई काम छोटा नहीं होता" यह अगर याद रखा जाए तो आप भी बहुत सारे पैसे कमा पाएंगे, सफल बन जायेंगे। दुनिया के जितने सारे अमीर लोग है वो भी ऐसे ही छोटे- छोटे काम कर के अमीर बने है। आप टाटा को ही ले लीजिये वो नमक बेचते है। अनिल धीरुभाई अम्बानी पहले पेट्रोल पंप पर काम करते थे। प्रधानमंत्री रारेन्द्र मोदी भी चाय बेचते थे। भुतपूर्व राष्ट्रपति डॉ ए. पि. जे. अब्दुल कलाम भी बचपन में पेपर बेचते थे। क्या आपको यह पता नहीं है? ऐसे बहुत सारे उदहारण है इस दुनिया में। काम- काम होता है छोटा या बड़ा नहीं होता। यह ध्यान में रखिये और आगे बढ़ते जाईये। आप भी सफल इंसान बन जायेंगे। आप भी अमीर बन जायेंगे। आप एक दिन कामयाब बन पाएंगे।

"बहाना करने और बानाने से
गरीबी आती है"

यह किताब पढ़के आपको कैसा लगा और इस किताब को पढ़ने के बाद आपके जीवन में क्या बदलाव आया? क्या आप सफलता के पथ पर चल रहे है? इस किताब ने आपके जीवन पर क्या असर डाला है? इन सब के बारे में आप मेरे मेल पर लिखकर जरुर बताईयेगा। इस किताब का दूसरा संकलन भी बहुत जल्द प्रकाशित होने वाला है। जिस बुक में मैं आपके दिए हुए चिट्ठी को भी छपवाऊंगा। ताकि आपके जीवन में जो बदलाव आया है उसके बारे में भी सबको पता चले और लोगो को आगे बढ़ने के लिए प्रेरणा मिले।

मेरा mail id है krishnakanta2010s@gmail.com

इस किताब को पढ़ने के लिए आपका कोटि- कोटि धन्यवाद